EIN BRETAGNE-KRIMI AUS DEM FINISTERE

Stéphane Jaffrézic ist der Autor von
16 Kriminalromanen in französischer Sprache.

Originaltitel : Chili-Concarneau

Der vorliegende Roman dient einzig dem Zweck der Unterhaltung. Sämtliche Ereignisse, sowie die Aussagen, Gefühle und das Verhalten der Protagonisten sind frei erfunden. Sie stehen in keinerlei Bezug zur Realität und wurden lediglich für die Romanhandlung erfunden. Jegliche Ähnlichkeit mit lebenden oder verstorbenen Personen oder real existierenden Ereignissen wäre reiner Zufall.

Entsprechend des französischen Gesetzes zum Urheberrecht vom 11. März 1957, Artikel 41 Absatz 2 und 3 sind Vervielfältigungen oder Reproduktionen nur gestattet, wenn sie ausschließlich für den privaten Gebrauch der zur Vervielfältigung befugten Person und nicht für den kollektiven Gebrauch bestimmt sind, oder solange es sich um Analysen oder Kurzzitate zum Zwecke der Veranschaulichung handelt. Darüber hinaus gilt jede Reproduktion oder Vervielfältigung, ganz oder teilweise, ohne die Zustimmung des Autors und Herausgebers oder dessen Nachfolger oder Beauftragten als rechtswidrig (Artikel 40 Absatz 1).

Eine derartige Vervielfältigung oder Reproduktion in jedweder Form würde daher einen Gesetzesverstoß darstellen, der entsprechend Artikel 425 ff. des französischen Strafgesetzbuches geahndet wird. 2022 - © Quadri Signe - Editions Alain Bargain

Stéphane JAFFRÉZIC

Chile Concarneau

DEUTSCH VON BIRGIT SCHOENTHALER

Reihe

Quadri Signe - Editions Alain Bargain
125, Vieille Route de Rosporden - 29000 Quimper
E-mail : contact@editionsalainbargain.fr
Internetseite : www.editionsalainbargain.fr
Facebook : https://www.facebook.com/editionsalainbargain

*Für alle meine Lieben.
Mein besonderer Dank gilt dem
Commandant Vincent Martin.
Ebenso danke ich dem Major Dominique Charbonnier
und meinem Freund Philippe L'Excellent.*

I

Noch ganz schlaftrunken kommt mir der Gedanke, dass ich wohl aussehen muss wie ein kleines Kind. Ich lege den Weckschalter um und umschließe den Wecker fest mit meiner Hand. Kleinkindhaft drücke ich ihn gegen meine Brust, als wäre ich selbst so ein Knirps und würde mich innig an mein liebstes Stofftier, Schmusetuch oder was auch immer schmiegen. Dicht neben mir höre ich Murielles langsamen, gleichmäßigen Atem und stelle mir in Gedanken die Position vor, in der sie wohl gerade schläft. Sie muss auf dem Bauch liegen, das Gesicht zu mir gewandt. Stundenlang könnte ich so verharren, ihr beim Schlafen zuhören und mir allerhand durch den Kopf gehen lassen. Nachdenken, über alles, über nichts, aus reinem Vergnügen, nur um die Ruhe des Augenblicks zu genießen.

Augen auf, es wird Zeit. Mich auf einen Ellbogen stützend werfe ich einen Blick auf den Wecker: sechs Uhr neunundzwanzig. Er war erst auf eine Viertelstunde später gestellt gewesen, doch nun ist er ausgeschaltet. Wieviel Zeit ist eigentlich inzwischen vergangen? Wenn ich mich schon deswegen hatte rühren müssen, kann ich jetzt genauso gut aufstehen.

Das Wort ist vielleicht heftig, aber ich muss gestehen, dass ich an einer obsessiven Verhaltensstörung leide. Sie ist keineswegs schmerzhaft, braucht nicht behandelt zu werden und nimmt unterschiedliche Erscheinungsformen an. Wenn ich zum Beispiel eine Treppe hinauf oder hinunter gehe, zähle ich die Stufen. Auf der Straße zähle ich manchmal

CHILE-CONCARNEAU

meine Schritte. Oder ich überprüfe immer wieder, ob ich den Fernseher oder das Licht ausgeschaltet und das Gas abgedreht habe. Nachdem der Postbote vorbeigekommen ist, öffne ich meinen Briefkasten oft ein zweites Mal, um sicherzugehen, dass er tatsächlich leer ist. Und jetzt vergewissere ich mich gerade zum dritten oder vierten Mal, ob der Wecker auch ganz bestimmt nicht noch einmal klingeln wird. Im Dunkeln ertasten meine Füße die Pantoffeln und ich schleiche mich lautlos aus dem Schlafzimmer. Beim Anziehen im Bad freue ich mich wie ein Schneekönig, dass ich meine Freundin nicht unnötig aus dem Schlaf gerissen habe.

Als ich mein Hemd bis oben zugeknöpft habe, beginnt auf einmal das Telefon unnachgiebig zu klingeln. Dies gehört heute eindeutig nicht zu meinem Morgenprogramm, und ein innerer Groll macht sich gegen den Törichten breit, der es wagt, mich so früh mit einem Anruf zu bedrängen. Im Bruchteil einer Sekunde erahne ich seine Identität und nehme ihm seine Initiative überhaupt nicht mehr übel.

«*Allô*», melde ich mich mit verschlafener Stimme.

«*Capitaine* Moreau?»

«Ja.»

«Hier die Polizeiwache. Ein Mann hat im Hafengebiet eine Leiche entdeckt. Die Feuerwehr habe ich bereits benachrichtigt.»

«Natürlich. Das ist auch richtig so. Wo liegt sie denn?»

«An der *Cale aux Voleurs*.»

Der vielsagende Name dieser Bootsrampe, «Diebesrampe», stammt aus einer Zeit, in der die Seefahrer an eben dieser Stelle einen Teil ihres Fangs veräußert hatten, und zwar zu einem höheren Preis als dem offiziellen in der Fischversteigerungshalle.

CHILE-CONCARNEAU

«Ich komme.» Mir dämmert, dass der Kaffee in der Küche nur darauf wartet, aufgewärmt zu werden, um seinen anregenden Duft zu verströmen. Doch das wird aufgeschoben. Es gibt Dringenderes zu erledigen. Am Schlafzimmer trabe ich vorbei, obwohl mir klar ist, dass die beiden Klingeltöne des Telefons Murielle geweckt haben müssen. Ich schnappe meine Jacke, meine Schuhe und schon bin ich aus dem Haus. Anfang April beginnt der Tag zu dieser Zeit noch kaum zu grauen und ich muss meine Scheinwerfer einschalten.

Unterwegs überholt mich oben in der *Rue Saint-Jacques* die Feuerwehr: Voraus fährt ein Citroën C25, in dem die Männer wahrscheinlich gerade ihre Taucherausrüstung anlegen, dann ein VSAB-Rettungs- und Opferhilfe-Fahrzeug. Ich hänge mich dran und fahre genau wie sie unten in der *Avenue de la Gare* bei Rot über die Ampel, gerade mal zwanzig Meter von der Polizeiwache entfernt. Ein Stück weiter biegen wir erneut bei roter Ampel rasant nach links ab. Der Streifenwagen ist bereits vor Ort. Sein blinkendes Blaulicht färbt die Landschaft leicht bläulich ein, was meines Erachtens einen ziemlich ästhetischen Anblick fürs Auge abgibt.

Der VPL-Taucherwagen hält an und lässt die beiden Männer in ihrer Taucherausrüstung aussteigen, bevor er weiterfährt. Der technische Ablauf bei einem solchen Einsatz ist mir bestens bekannt. Ich weiß genau, der Fahrer holt sich jetzt im Yachthafen das Einsatz-Zodiac. Innerhalb weniger Sekunden parke ich ein und achte darauf, mögliche spätere Manöver nicht zu behindern. Ich stelle den Motor ab und klettere aus dem Wagen. Die Feuerwehrleute hatten schon die Taucherflaschen übergezogen und die

Schwimmflossen angelegt. Mit Taucherbrille und Schnorchel in der Hand watscheln sie Richtung Wasser, die Knie fast rechtwinklig in die Höhe hebend und mit eingehendem Blick die Oberfläche absuchend.

Der *Brigadier* Vernet und ein anderer Mann kommen auf sie zu und zeigen auf einen Punkt in etwa zehn Metern Abstand vom Hafenkai. Die Taucher nicken und gehen die Bootsrampe hinunter zum Wasser. Nach altem Taucherbrauch spucken beide auf das Sichtglas ihrer Maske, spülen sie noch kurz ab und lassen sich sanft ins Wasser gleiten.

Vom Blaulicht angelockt finden sich bereits ein paar Schaulustige ein und die Streifenpolizisten müssen auf ausreichenden Abstand achten. Währenddessen stellen die drei Feuerwehrmänner aus dem Rettungs- und Opferhilfe-Fahrzeug schon eine Sauerstoffflasche und eine Tragbahre bereit.

«*Bonjour, Capitaine*. Es scheint, die Leiche ist schon versunken...»

«*Bonjour*. Ist dieser Herr der Zeuge?»

Vernet bestätigt mit einem kurzen Nicken und ich wende ich mich dem Mann zu: Er ist klein, etwas gebrechlich, ungleichmäßiger Bart mit fleckigen Wangen, etwas aus der Mode gekommene Kleidung und rund siebzig Jahre alt, obwohl er mit ziemlicher Sicherheit jünger sein dürfte.

«Könnten Sie mir erklären, wie es zu Ihrer unerwarteten Entdeckung kam?»

Die Beachtung macht dem in sich zusammengesunkenen Mann Mut. Stolz richtet er sich auf und wirft den Kopf nach hinten, offensichtlich um Schwung zu holen.

«Mein Name ist Yves Audrin. Jeden Morgen in den

CHILE-CONCARNEAU

frühen Morgenstunden drehe ich eine Runde auf dem Kai. Ich war früher selber Seemann und kenne die Jungs auf beinahe jedem Boot hier. Und wenn ich einen treffe, gibt er mir meistens etwas von seinem Fang ab.»
Die ersten Worte erwecken den Anschein, dass es länger dauern würde. Ich höre ihm aufmerksam zu und beobachte nebenher, wie die Taucher zu dem angegebenen Bereich hinüberschwimmen. Mit einem immer lauter werdenden Motorengeräusch braust das Schlauchboot von der Fahrrinne kommend heran. Meisterhaft gesteuert erreicht es die Taucher in Rekordzeit.
«Und plötzlich sehe ich ihn: den Ertrunkenen! Gütiger Himmel, das darf doch nicht wahr sein, sage ich mir und trete näher heran. Und genau in diesem Moment versinkt er im Wasser. Ich sehe mich um, aber es ist niemand in der Nähe. Und ich, ich kann doch nicht schwimmen, sonst wäre ich sofort ins Wasser gesprungen und hätte ihm geholfen. Ich sehe nochmal hin, aber er war verschwunden! Er war einfach nicht mehr da! Also habe ich mich beeilt und bin schnell bis zu den Bullen gelaufen. Naja..., bis zu Ihrer Dienststelle eben. *Voilà*, das war's.»
Der *Brigadier* Vernet gibt mir diskret mit einer unmissverständlichen Geste zu verstehen, was er von diesem Zeugenbericht hält. Ich bin geneigt, mich seinem Eindruck anzuschließen, lasse mich dann aber doch von meinem Pflichtgefühl leiten und warte letztendlich das Ergebnis der Untersuchung ab.
«Wenn Sie bitte in der Nähe bleiben würden, *Monsieur* Audrin. Vielleicht brauche ich Sie noch.»
Ich habe nicht die leiseste Ahnung, ob das, was er erzählt hat, stimmt oder nicht und nehme sicherheitshalber die Orte,

Fakten sowie die Gesten jeder Person gedanklich beinahe fotografisch auf. Aus Erfahrung weiß ich genau, wie wichtig diese erste Bestandsaufnahme ist. Auf dem nassen Boden kann ich keine einzige Spur von Fischschleim oder Dieselrückständen erkennen. Angenommen, es gibt tatsächlich ein Opfer, und derjenige wäre einfach ausgerutscht, gäbe es hierfür keine auffallende Erklärung. Es könnte sich um einen Selbstmord handeln, aber ich kann nur feststellen, dass überraschenderweise jedes Fahrzeug in unmittelbarer Nähe des Hafenkais komplett fehlt. Während meiner Laufbahn als Ermittlungsbeamter hatte ich ausreichend Gelegenheit, bei verdächtigen Todesfällen zu ermitteln. Die Autopsie oder irgendein anderes unauffälliges Indiz konnten letztendlich den Beweis für einen Selbstmord erbringen und der Fall wurde zu den Akten gelegt. Jedes Mal hatte sich herausgestellt, dass derjenige, der seinem Leben ein Ende setzen wollte, die Tat entweder in seinem eigenen Haus begangen oder zumindest auf einfachste Art und Weise gehandelt hatte. In keinem der Fälle, oder jedenfalls äußerst selten, hatte er vor der Tat einen längeren Weg zurückgelegt. Auf dem Parkplatz des *Office du Tourisme* stehen etwa zehn Autos, aber es würde mich wundern, wenn eines davon dem Opfer gehören würde, aus dem einfachen Grund, weil die dem Kaibereich nächstgelegenen Plätze frei sind. Es ist keine leichte Sache, die Psyche eines Menschen zu verstehen, der sich das Leben nehmen will… Außerdem könnte er oder sie am anderen Ende des Hafens ins Wasser gesprungen und anschließend von der Strömung hierher getrieben worden sein.

Der Zodiac-Fahrer überwacht konzentriert die Wasseroberfläche, während seine Kollegen den Meeresboden in

CHILE-CONCARNEAU

Augenschein nehmen. Sie haben den Kreis ihrer Erkundungen bereits erweitert, heraufsprudelnde Blasen verraten ihre Bewegungen. Es ist jetzt ganz hell und die Stimmung weniger drückend. Tief im Inneren komme ich zu der Einsicht, dass ich der Aussage des ehemaligen Seemanns immer weniger Glauben schenke. Ein scherzhafter Gedanke oder Bilder einer Halluzination haben sich schon in den Köpfen vieler der neugierigen Menschen festgesetzt. Fassungslos überrascht Audrin ein Grinsen auf ihren Lippen, und als er das leicht spöttische Gelächter erfasst, wird er plötzlich wütend und ruft vor der anwachsenden Menschenmenge: «Ich sage die Wahrheit, ich habe ihn wirklich gesehen! Sie müssen mir glauben, ich bin nicht verrückt! Es ist zum Auswachsen! Wo zum Teufel steckt der Kerl?»

Genau in diesem Moment stoßen die Froschmänner an die Wasseroberfläche des Hafenbeckens, und tatsächlich einen Körper abstützend bewegen sie sich rasch schwimmend auf die Bootsrampe zu. Am Hafenkai macht sich das Team des Opferhilfe-Fahrzeugs bereit: Sie wissen, jetzt sind sie an der Reihe. Die Menschenmenge bewegt sich wie aus einem Holz geschnitzt vorwärts und schafft es mehrere Meter weit. Die schiebende und drückende Menschenflut konnte trotz des pflichtbewussten Einsatzes Vernets und seiner Männer, die tapfer versuchten, die Menge am Fortkommen zu hindern, nicht eingedämmt werden.

An der Bootsrampe angekommen müssen die Taucher den Ertrunkenen rückwärts aus dem Wasser ziehen und vertrauen ihn dem Rettungsteam an. Mit dem Bewusstsein, dass jede Sekunde entscheidend sein kann, laufen die Männer los und legen ihn vorsichtig auf den Hafenkai. Da die Immersionszeit unbekannt ist, muss davon ausgegangen werden, dass sich die Blutzirkulation im kühlen Meerwasser verlangsamt hat: Sie beeilen sich sichtlich. Ein Feuerwehrmann fühlt den Puls des Opfers, während ein zweiter, ausgerüstet mit einer Schere, Pullover und T-Shirt der Länge nach durchtrennt. Nur ein Blick reicht aus, es ist offensichtlich: Das Herz schlägt nicht mehr, sie werden versuchen müssen, das Opfer mit Stromschlägen zu retten. Doch Strom und Wasser vertragen sich nicht, daher wird der Körper vor dem Aufbringen der Klebeelektroden vom dritten Feuerwehrmann noch rasch mit einem Tuch abgetrocknet.

Während die drei noch beschäftigt sind, zücke ich meine Kamera, die ich glücklicherweise in meine Tasche gesteckt hatte. Im Handschuhfach meines Autos wartet sie stets auf ihren Einsatz. Das habe ich mir seit meinem Studium in der *École Nationale Supérieure des Inspecteurs de Police* so angewöhnt. Es war das Steckenpferd eines unserer Lehrer gewesen, ein echter Oldtimer, doch dass er auf eine langjährige Erfahrung zurückblicken konnte, lässt sich nicht leugnen. Uns Berufsanfänger ließ er selbstlos daran teilhaben. Auch außerhalb des Unterrichts bekamen wir Tipps, die sich später als einleuchtend und äußerst effektiv erwiesen. Wie zum Beispiel die Kamera. Abgesehen davon gibt es nichts Besseres als eine Reihe von Aufnahmen, um die Details einer Sachlage zu erfassen. Manchmal verliere ich ein anfangs völlig unwichtig erscheinendes Detail vollkommen aus den Augen, und doch erweist es sich später als entscheidend, um einen Missetäter festzunageln. Oft ist es ausreichend, wenn man sich die Bilder näher ansieht und sie vielleicht sogar vergrößern lässt.

Nun schieße ich Fotos, wo ich nur kann, den Hafen, das

CHILE-CONCARNEAU

Zodiac, die Taucher, die nach der erledigten Aufgabe schon zum Yachthafen unterwegs sind. Da winkt Vernet mich herbei. Er scheint völlig aufgelöst zu sein und seine Miene verheißt nichts Gutes.

«Das müssen Sie sich ansehen, *Capitaine*!» Ein Feuerwehrmann hatte den Oberkörper des Ertrunkenen leicht angehoben, um seinen Rücken zu trocknen, und jetzt ist es nicht zu übersehen: Unterhalb des rechten Schulterblattes befindet sich ein Loch von etwa einem Zentimeter Durchmesser, aus dem Blut ausgetreten war. Als ich die Verletzung näher in Augenschein nehmen will und der Wunde zu nahe komme, schnauzt mich ein *Sergent*, der Leiter des Reanimationsteams, an: «Das sehen wir uns später an. Zuerst der Defi!», der halbautomatische Defibrillator.

Der Körper des Ertrunkenen wird wieder hingelegt und der Unteroffizier bringt zwei mit dem Defi verbundene Klebeelektroden an, die eine rechts oben auf der Brust, die andere unter dem Herz. Die Chance, den Unglücklichen wiederzubeleben, ist gering, aber sie geben ihr Bestes.

Ratlos entferne ich mich. Ich muss nachdenken. Durch das Erscheinungsbild der Wunde ist mir klar geworden, dass sie kurz vor dem Eintauchen ins Wasser verursacht worden sein muss. Daraus ziehe ich eine grundlegende Schlussfolgerung: Es handelt sich um Mord. Vom Handy aus rufe ich den Staatsanwalt an.

II

Mein Gehirn arbeitet auf Hochtouren. Mental erstelle ich eine Liste der für heute anstehenden Aufgaben und streiche einige davon. Die können oder müssen wohl oder übel warten. Natürlich musste ich genau in der Nacht, in der der Kerl ins Jenseits befördert wurde, Bereitschaftsdienst haben. Zusammen mit den Feuerwehrleuten warte ich auf das Eintreffen des Arztes, den ich benachrichtigt hatte, und auf das Bestattungsunternehmen. Die Leiche befindet sich bereits im Leichensack. Nur der offizielle Totenschein fehlt noch, dann wird der Reißverschluss zugezogen.

Der Ertrunkene hatte keinen Ausweis dabei. Außerdem hat er nur einen Pullover an. Wie kann das sein? In diesen relativ kühlen Aprilnächten käme es niemandem in den Sinn, ohne Jacke oder Mantel nach draußen zu gehen. Anfangs hatte ich vermutet, dass der Schuss an einem anderen Ort gefallen sein musste, vielleicht in einem beheizten oder zumindest geschützten Raum. Anschließend hätte man die Leiche verschwinden lassen wollen, indem man sie ins Wasser warf. Mein Blick fällt allerdings auf eine kleine, noch nicht getrocknete Blutlache, so werde ich auch diese Möglichkeit verwerfen müssen. Trotzdem ist es verfrüht, mit Bestimmtheit davon auszugehen, dass dieses Blut von dem Ertrunkenen stammt. Um die Hypothese zu verifizieren, fordere ich einen KTU-Beamten an.

Es dauert genau zwanzig Minuten, bis der Mann aus Quimper eintrifft. Mit etwas abgekämpfter Miene taucht

CHILE-CONCARNEAU

er kleine Abstrichtupfer in das Blut und steckt sie in eine Plastiktüte, scheinbar ohne dabei die restliche Umgebung wahrzunehmen. Schließlich reicht er mir den mit Wachs versiegelten Beutel. Inzwischen hatte ich die Leiche unter die Lupe nehmen können und mehrere verdächtige Spuren am Hals festgestellt. Mein begrenztes medizinisches Wissen abrufend komme ich zu dem Schluss, dass der Mann bereits tot gewesen sein muss, bevor er ins Hafenbecken fiel.

Mit der Arzttasche in der Hand bahnt sich *Docteur* Jézéquel einen Weg durch die immer noch beachtliche Menschenmenge. Er erkennt mich und winkt mir kaum merklich zu, bevor er sich an die Arbeit macht.

Von uniformierten Polizisten auf etwa fünfzehn Meter Abstand gehalten kommentieren die Schaulustigen flüsternd, was sich vor ihren Augen abspielt. Offenbar versuchen sie, einen Blick auf das Gesicht des unglücklichen Opfers zu erhaschen. Obwohl ich an diese Form anstandsloser Unverschämtheit gewöhnt bin, spüre ich eine gewisse Anspannung in mir aufsteigen. Ich bin kurz davor, Vernet aufzufordern, die Menge endlich zurückzudrängen, als laute Rufe sie ablenken und schließlich zum Schweigen bringen.

«Marco... Marco... Marc...»

Hinter mir, und vor der versammelten Menge, sind zwei alte, auf ihren ersten Frühlingsausflug wartende Segelboote vertäut. Auf einem davon ist ein Mann aufgetaucht, der verstört das Blaulicht der Streifenwagen, die Rettungsfahrzeuge und die Schaulustigen anstarrt. Er scheint die Ursache dieser beunruhigenden Versammlung zu erraten, springt über die Reling und klettert nervös drei Sprossen der rostigen, am Kai befestigten Leiter hinauf.

In der Eile verpasst er eine Sprosse und wäre beinahe zwei Meter tiefer im Wasser gelandet. Mit offenem Mund und zitternden Lippen nähert er sich halb gehend, halb laufend. Als Vernet Anstalten macht, ihn daran zu hindern, halte ich ihn am Arm zurück.

Der Unbekannte ist etwa sechzig Jahre alt, hat ein längliches Gesicht mit feinen Zügen und nur mehr wenig Haare auf dem Kopf. Er trägt eine Tweedjacke und hat sich den Schal eng um den Hals geschlungen.

Den Blick starr auf den Leichensack vor seinen Augen gerichtet, scheint für ihn nichts anderes zu existieren. Immer langsamer nähert er sich, bis er das vertraute Gesicht erkennt und die letzten Meter nur mehr im Schneckentempo schafft. Sanft kniet er sich neben den Arzt, liebkost die Wange des Ertrunkenen, streicht eine Haarsträhne glatt und kann die Tränen nicht mehr zurückhalten.

Als Jézéquel mit der Untersuchung fertig ist, zögert er einen Moment, bevor er aufsteht. Mit einem Blick voller Anteilnahme auf den Mann, der dem Opfer nahezustehen scheint, kommt er zu mir herüber.

«*Bonjour, Docteur.* Nun, wie sieht es aus?»

Der Mediziner seufzt, bevor er antwortet.

«Die Wunde am Rücken ist zwar schwerwiegend, hat aber nicht zum Tode geführt. Ich würde sagen, wir haben es mit einer Strangulierung zu tun. Sie haben ihn im Hafenbecken gefunden?»

«Ja. Was meinen Sie, wann war der Todeszeitpunkt?»

«Ich kann es noch nicht genau sagen. Die Totenstarre ist noch nicht eingetreten, was aber der Immersion wegen nicht überraschend ist. Ich nehme an, Sie erwarten eine Autopsie.»

CHILE-CONCARNEAU

«Absolut! Wann können wir denn mit dem Ergebnis rechnen?»

«Keine Ahnung! Das fragen Sie am besten den Gerichtsmediziner in Quimper, Valmont. Rufen Sie ihn gegen siebzehn Uhr an. Ich werde ihn von Ihrem Anruf in Kenntnis setzen und meine eigenen Ergebnisse an ihn weiterleiten.»

«Vielen Dank, *Docteur*.»

Als er weg ist, wende ich meine Aufmerksamkeit wieder dem Mann zu, der dem Ertrunkenen offensichtlich nahestand. Der Feuerwehr-*Sergent* hatte sich seiner angenommen und ihm anscheinend mit tröstenden Worten zugeredet. Währenddessen hatten seine Kollegen den Leichensack geschlossen und ein Bestattungswagen war im Rückwärtsgang herangefahren. In diesem Moment ertönt der schrille Schrei einer Möwe, als wolle sie signalisieren, dass die Vorstellung nun zu Ende sei und es nun nichts mehr zu sehen gebe. Die berauschte Menge zerstreut sich in kleinen Gruppen.

«Das ist *Vieux Pierrot*», erklärt Vernet. «Er und der Ertrunkene sind Obdachlose.»

«Für Obdachlose finde ich sie ziemlich gut gekleidet!»

«Mit „Obdachlosen" meine ich Menschen, die keinen festen Wohnsitz haben und keinen Beruf ausüben. Sagen wir einfach, sie leben am Rande der Gesellschaft. Sie haben sich in letzter Zeit hier herumgetrieben.»

«Einer von ihnen wird jetzt leider einen festen Wohnsitz haben…»

Docteur Jézéquel spricht kurz mit den Angestellten des Bestattungsunternehmens und geht dann zurück zu seinem Auto. Kaum ist die Ausrüstung der Feuerwehrleute verstaut, machen sie sich bereit für die Rückkehr ins Feuerwehrhaus.

Die Hände *Vieux Pierrot*s liegen eng am Körper, er macht nicht die geringste Bewegung. Wenn sich seine Augenlider nicht in regelmäßigen Abständen öffnen und schließen würden, könnte man glauben, er hätte sich in eine Salzsäule verwandelt.

Eine Welle von Mitgefühl erfasst mich auf einmal, der arme Mann hat womöglich niemanden, der seinen Schmerz und seine Trauer ein wenig erträglicher macht.

«Kümmern Sie sich,» sage ich zu Vernet, «um *Monsieur* Audrin. Bringen Sie ihn aufs Revier und geben Sie ihm etwas, das ihn ein wenig aufmuntert. Ich nehme seine Zeugenaussage so bald wie möglich auf.»

Ich atme tief durch und gehe auf den Obdachlosen zu. Er hat mich nicht gesehen, und es ist der Kontakt meiner Hand auf seiner, der ihn reagieren und aus seiner Erstarrung erwachen lässt. Ich weiß, dass ich behutsam mit ihm umgehen muss und spreche ihn mit sanfter Stimme und einem verständnisvollen Blick an.

«Mein Beileid, *Vieux Pierrot*. Mein Name ist Maxime Moreau, ich bin Kriminalbeamter.»

Ich warte ab, bis er den Sinn meiner Worte aufgenommen hat und fahre fort.

«Möchten Sie mich begleiten? Erzählen Sie mir von Marc.»

Vieux Pierrot taucht seine ausdruckslosen Augen in meine und nickt. Ich hatte befürchtet, er würde es mir übelnehmen, dass ich ihn mit seinem Spitznamen anspreche, aber er hatte wohl nichts dagegen einzuwenden. Mit der menschlichen Wärme, die ein *Capitaine de Police* sich erlauben kann, nehme ich ihn behutsam am Arm, und gemeinsam überqueren wir den Platz mit den

CHILE-CONCARNEAU

interkommunalen Busverbindungen und erreichen die Polizeistation.

«*Bonjour*», begrüßt mich der für den Empfang und die Telefonzentrale zuständige Sicherheitsbeamte. Ich erwidere den Gruß und bitte ihn, uns sowohl Kaffee und *Croissants* zu holen als auch mein Auto wegzufahren. Während wir uns zur Treppe begeben, nimmt sich der kürzlich eingestellte junge Mitarbeiter seiner Aufgabe voller Eifer an. Wir kommen nur langsam voran, was mir wiederum die Zeit lässt, meinem Lieblingshobby nachzugehen: Ich zähle die Stufen. Ich kann mir selbst nicht recht erklären, was mich jedes Mal dazu drängt, zumal ich das Ergebnis im Voraus kenne.

Manchmal versuche ich, diesem Zwang zu widerstehen, zum Beispiel indem ich mich selbst als Wahnsinnigen bezeichne, doch irgendwann gebe ich auf, weil ich nicht anders kann. Es ist sogar schon vorgekommen, dass ich mich beim Treppensteigen dazu zwang, nicht mitzuzählen, der Versuchung dann aber doch noch nachgab und umkehrte, um mir den geheimen Wunsch zu erfüllen. Das wirkt auf so manchen ziemlich neben der Spur. Eine erfundene Ausrede musste als Erklärung herhalten, sonst hätte man mich für absonderlich, wenn nicht für verrückt erklärt.

Wir betreten mein Büro. Den Beutel mit den Blutabstrichtupfern lege ich auf dem niedrigen Schrank unter dem Stadtplan von Concarneau ab. Dann setze ich mich und biete dem Obdachlosen, der auf mich nur fragmentarisch obdachlos wirkt, den Stuhl gegenüber an. Ich nehme eine Zigarette aus der Schachtel, zünde sie mit der Flamme des Feuerzeugs an, das Murielle mir zum Geburtstag geschenkt

hat, und halte sie *Vieux Pierrot* hin. Seine klare Stimme erwischt mich kalt, so sehr bin ich davon überzeugt, dass mein Besucher jetzt eine Zigarette braucht wie die Luft zum Atmen:
«Nein danke, nicht auf leeren Magen.»
Die Zigarette hängt mir an den Lippen. Betreten drücke ich das brennende Ende aus und entgegne ruhig:
«Sie haben recht. Später schmeckt sie bestimmt besser.»
Erneut rufe ich den Staatsanwalt an, der sich für eine Untersuchung der Blutproben ausspricht. Nachdem die Verwaltungsaufgaben erledigt sind, gilt meine Aufmerksamkeit wieder *Vieux Pierrot*. Ich bin von dem Mann schwer beeindruckt. Trotz der aufgebürdeten Schmerzen und des Leids strahlt er tief in sich ruhend eine intelligente Weisheit aus. Er steht aufrecht, den Kopf erhoben, in einer würdevollen, fast aristokratischen Position, und erst jetzt fallen mir seine schönen Gesichtszüge auf. Als er jünger war, mussten ihm die Mädchen wohl haufenweise nachgelaufen sein. Er trägt einen gut gestutzten Schnurrbart und seine Kleidung ist weder schmutzig noch ausrangiert, ganz im Gegensatz zu dem, was man sich von einem Obdachlosen erwarten würde. Man könnte sogar sagen, dass die Farbtöne ziemlich genau aufeinander abgestimmt sind und der Kragen der Jacke bestens zu seiner beigen Cordhose passt. Wie immer bei dieser Art von Mensch bin ich versucht, herauszufinden, wie es zu seiner wohnsitzlosen Existenz gekommen ist. Aber auf eine solche Frage würde er bestimmt nicht antworten. Um mich wichtig zu machen, raschle ich mit ein paar Dokumenten und beobachte ihn dabei. Weder der Ort noch meine Person scheinen ihn im geringsten eingeschüchtert zu haben. Er trauert um einen

lieben Menschen, aber er jammert nicht. Andere in derselben Lage hätten schon längst anfangen zu wimmern, laut zu weinen oder sich über ihr Schicksal zu beklagen. Er nicht. Ich kann nicht umhin, mir vorzustellen, dass er wohl schon Schlimmeres durchgemacht haben muss. Er kennt sich aus mit dem Leben und dem Tod, er weiß genau, was ich von ihm erwarte und bereitet sich innerlich auf seine Zeugenaussage vor.
«Was meinen Sie? Was ist passiert?»
«Ich weiß es nicht. Das müssen Sie herausfinden.»
Der Kerl hat seine Antwort wohlweislich überdacht. Sein Blick ist jetzt vollkommen gefestigt. Mir wird klar, dass er erstaunlich intelligent und bestimmt schwer zu durchschauen ist. Elegant kreuzt er die Beine, wischt ein Staubkörnchen weg und sieht mich mit seinen graugrünen Augen starr an. Sein ganzes Wesen strahlt eine gewisse Klasse aus. Ich fühle mich immer unbehaglicher. Nichts läuft so, wie es normalerweise läuft, ich muss so schnell wie möglich reagieren.
«Wie heißen Sie?»
«*Vieux Pierrot.*»
«Das ist doch kein Name, das ist ein Spitzname! Also noch einmal: Wie heißen Sie?»
Jetzt habe ich gepunktet, also besteht kein Zweifel, dass mein Gegner angreifen und versuchen wird, den Ausgleich zu erzielen.
«Meine Identität hat mit dem Tod von Marc nichts zu tun, ich...»
«Geben Sie mir Ihre Papiere, bitte.»
Er hat es nicht bis zum Gleichstand geschafft, wir sind schon beim Tie-Break. Auf dem Gesicht meines Gegenübers

scheint sich eine gewisse Verärgerung breit zu machen. Er zückt eine schicke Krokodil-Brieftasche und überreicht sie mir. Voller Bewunderung drehe und wende ich den ungewöhnlichen Gegenstand in meinen Händen und öffne ihn schließlich. Die Brieftasche enthält eine ganze Reihe von Papieren, von der Blutgruppenkarte über den Führerschein bis hin zu Zeitungsausschnitten. Auch Fotos sind drin, doch ich habe ausreichend Anstand, um nicht weiter darauf einzugehen. Innerhalb einer Sekunde hatte ich auf dem obersten Bild unseren *Vieux Pierrot* erkannt, etwa dreißig Jahre jünger. Seine Gesichtszüge haben sich kaum verändert, nur die Haare sind ein wenig weiß geworden. Neben ihm steht eine hübsche Frau, die einen süßen kleinen Jungen, blond und etwa drei Jahre alt, an der Hand hält. Entspannt lächelnd scheinen alle drei auf diesem Bild glücklich zu sein. Im Hintergrund erkennt man ein großes Gebäude, ein Schloss oder einen Landsitz. Am Fuße der Treppe geparkt stehen ein Porsche und ein Jaguar. Nach einigem Stöbern fällt mir der Ausweis in die Hände, es ist noch das alte Modell. Laut lese ich vor:

«Pierre-Édouard de Vitreux de Barnac, geboren 1945 in Paris.»

Langsam lasse ich das Ganze auf den Schreibtisch sinken und frage:

«Können Sie mir dazu etwas sagen?»

«Was gibt es da zu erklären? Sie wollten wissen, wer ich bin, und jetzt wissen Sie es.»

Ein dezentes Klopfen an der Tür kündigt den diensthabenden Beamten an, der das bestellte Frühstück bringt.

Schweigend lassen wir uns die *Pains au Chocolat* und die *Croissants* schmecken, zusammen mit duftendem

CHILE-CONCARNEAU

Kaffee. Glücklicherweise kommt diese Einlage genau zum richtigen Zeitpunkt und die angespannte Atmosphäre lockert sich. Ich zünde mir eine Zigarette an und biete *Vieux Pierrot* eine an. Stillschweigend rauchen wir und genießen gefasst den Waffenstillstand. Das Lebenselixier zu sich nehmend drückt *Vieux Pierrot* seine Zigarette aus und verkündet seufzend:

«Also los, ich höre. Stellen Sie Ihre Fragen.»

«Was genau ist gestern Abend passiert? Erzählen Sie mir, was Sie den ganzen Abend gemacht haben.»

«Was wollen Sie denn wissen? Es war ein Abend wie jeder andere. Gegen zwanzig Uhr sind wir wie gewohnt an Bord der *Corentin* gegangen... Wir haben gegessen und uns bis nach Mitternacht unterhalten. Als ich nachts aufwachte, war Marc nicht mehr da... Und den Rest wissen Sie ja schon.»

«Wie lautet der Name des Opfers?»

«Marc Pagel. P-A-G-E-L.»

Ich erfasse die Daten im Computer und befrage ihn weiter, ohne von der Tastatur aufzublicken:

«Hatte er Feinde?»

«Keinen einzigen. Es war nicht unsere Angewohnheit, Leute zu treffen. Es reichte uns, beisammen zu sein.»

«Schulden?»

«Natürlich nicht! Wir sind doch keine Schmarotzer, die ihre Hand nach Almosen ausstrecken müssen, weil sie ihre Sozialhilfe versoffen haben und trotzdem ab und zu etwas Essbares brauchen.»

Er scheint wieder zu Kräften gekommen zu sein und der Tod seines Freundes rückt vorübergehend in den Hintergrund. Kühn greift er nach der Zigarettenschachtel, zündet eine Zigarette an und erklärt:

«*Capitaine* Moreau, ich glaube, Sie konnten meiner Brieftasche nicht genügend Informationen entnehmen, um unsere Lebensgeschichte zu verstehen. Lassen Sie mich das erklären: Ich stamme aus einer bedeutenden Familie und trage den Adelstitel „Baron". Unglücklicherweise kannte sich mein Vater mit dem Aktienmarkt und Finanzanlagen nicht sehr gut aus... Es ist ja auch kein Pappenstiel... Irgendwann wurde die Luft allerdings richtig dünn und er stürzte ins Unglück. Der Baron de Vitreux de Barnac musste sich mit einer bescheidenen Stelle als Bankangestellter zufriedengeben, um seine Familie versorgen zu können. Als Ältester von vier Kindern erbte ich den Adelstitel und hatte das Glück, studieren zu dürfen. Außerhalb des Unterrichts verkehrte ich mit Söhnen und Töchtern aus dem Großbürgertum, die sich neidvoll einen solchen Titel wünschten. Jeden Tag musste ich neue Täuschungsmanöver erfinden, um einer Einladung auszuweichen. Manche wollten den Landsitz der Familie besichtigen, dabei wohnten wir in einer schmucklosen Wohnung in einem nichtssagenden Wohngebäude in Nanterre. Eines Tages folgte mir ein junges Mädchen, das sich in mich verknallt hatte, nach der Schule bis nach Hause. Na ja, sie war nicht gerade gut im Nachspionieren und es dämmerte mir, was sie vorhatte. Ich saß in der Falle: Ich konnte nicht nach Nanterre zurück! Da hatte ich eine verrückte Idee: An einer Bar hielt ich an und rief einen Freund an. Seine Eltern waren *Concierges* in einem Stadtpalais, das damals dem Premierminister gehörte. Er willigte ein, mich hereinzulassen, wenn ich eine Gegenleistung erbrächte. Ich musste ihm versprechen, ein Buch zu lesen, das er mir leihen würde, ein Buch über die Fortpflanzung von Insekten in einer abweisenden Umgebung... Am nächsten Tag erzählte man sich an der Universität, dass sich Pierre-Édouard de Vitreux de Barnac heimlich mit dem *Premier Ministre* träfe. Und plötzlich war mein Name in aller Munde. Die junge Frau, die mir gefolgt war, rühmte meine Verbindungen, meine Intelligenz, meine Schönheit, meine natürliche Eleganz und so weiter... Und das tat sie auch ihrem Vater gegenüber. Dieser war der Eigentümer eines großen Pharmalabors und gleich mehrerer Fabriken. Er wollte mich unbedingt kennen lernen und ließ mich in einem Rolls Royce abholen. Ich gab vor, am *Place Vendôme* zu tun zu haben und hatte dort den Treffpunkt vereinbart. Als ich in dem luxuriösen Wohngebäude eintraf, wartete meine Studienkameradin schon auf mich und bat mich, ihren Vater zu entschuldigen, er würde später zu uns stoßen. Sie nahm mich mit auf einen Rundgang durch den Park und stürzte sich in einem Nebengebäude anstandslos und leidenschaftlich auf mich. Sie war alles andere als hässlich, und es kam, wie es kommen musste... Am Ende des Tages bestand ihr Vater beim Abschied darauf, dass wir uns doch das nächste Mal in Anwesenheit meiner Eltern treffen sollten. Selbstverständlich willigte ich ein.»

Von seiner Erzählung völlig eingenommen hatte er nicht ein einziges Mal an seiner Zigarette gezogen. Sie war im Aschenbecher heruntergebrannt und hatte ein Ascheröllchen hinterlassen. Durch ein Zeichen gibt er mir zu verstehen, dass er gern noch eine hätte, zündet sie an und fährt fort:

«Der Rolls Royce-Chauffeur setzte mich auf den *Champs-Elysées* ab. Es war im Juni. Monatelang hatte ich keinen einzigen Fehler gemacht, und dann hatte ich einfach alles in den Sand gesetzt, ich hatte es vermasselt. Die Universität musste ich unbedingt vermeiden und gab vor, unter starken Kopfschmerzen zu leiden oder wand mich vor Bauchschmerzen. Für den Sommer fand ich eine Stelle als Nachtwächter in einem Hotel. Ich ließ mir einen Schnurrbart und einen Bart wachsen, in der Hoffnung, dass dies meine Eroberung zusätzlich zu der langen Abwesenheit von mir fernhalten würde. Mit der Zeit dachte ich, meine Verrenkungen hätten Erfolg gehabt, doch eines Septembermorgens stolzierte ihr Vater am Fuße unseres Wohngebäudes auf und ab. Er hatte einen Privatdetektiv damit beauftragt, mich zu finden! Ich sei ein „kleines Arschloch", verkündete er, beschuldigte mich, seinen Namen und die Ehre seiner Tochter beschmutzt zu haben, und ich erfuhr, dass sie ein Kind erwartete. Ich saß gehörig in der Tinte. Ohne Umschweife traf er sich mit meinen Eltern und organisierte in Rekordzeit eine prunkvolle Hochzeit.»

«Diese Verbindung hätten Sie doch auch verweigern können.»

«Ich habe daran gedacht... Aber ich war keine zwanzig Jahre alt. Es war noch in der Zeit vor 1968, und vor der sich aus dieser Bewegung entwickelnden Emanzipation. Ich fürchtete meinen Vater, und für ihn war es eine unerwartete Chance, unserem Namen wieder zu neuem Glanz zu verhelfen. Durch die Heirat mit diesem jungen Mädchen, der künftigen Erbin eines Imperiums, öffneten sich den Vitreux de Barnacs endlich wieder längst verschlossene Türen. Außerdem würde sie die Mutter meines Kindes sein, welches wiederum eines Tages Baron oder Baronin de Vitreux de Barnac wäre. Für uns Blaublüter ist das Aussetzen von Kindern, geschweige denn des Erstgeborenen, desjenigen, der unseren Namen und unsere Etikette verewigen wird, undenkbar. Ich konnte nicht anders, ich musste mein Kreuz auf mich nehmen! Meine Frau und ich kannten uns eigentlich nicht sehr gut, und es gab viele Dinge, die uns trennten. Wäre unser kleiner Junge nicht gewesen, hätte ich sie bestimmt mir nichts, dir nichts wieder verlassen… Doch Jérôme starb, kurz bevor er sieben Jahre alt wurde. Von da an gab es nichts mehr, was mich bei dieser Frau hielt, außer der Gewissheit eines angenehmen, unbeschwerten Lebens. Ich brauchte nicht zu arbeiten, obwohl mein Schwiegervater bedauerlicherweise versuchte, uns das zu geben, was wir zum Leben brauchten, aber kein Stück mehr. Und das quälte mich.»

Er zieht an seiner Zigarette und bläst eine dicke Rauchwolke an die Decke, bevor er weiterredet:

«Eines Tages war ich deprimierter denn je und beschloss, mich zu betrinken, um die Mittelmäßigkeit meiner Existenz zu vergessen. An diesem Tag lernte ich Marco in einem Bistro kennen. Er war Schlosser und auf der Suche nach Arbeit. Völlig von der Rolle setzte sich dennoch eine Idee in meinem Kopf fest: Gemeinsam würden wir meinen Schwiegervater ausrauben und anschließend verschwinden. Das Problem war nur, dass dieser meine Beteiligung gewiss im Handumdrehen durchschauen und mich suchen lassen würde. Es sei denn… Es sei denn, wir hätten etwas, mit dem wir ihn erpressen könnten. Ich erzählte Marco davon und er heckte einen teuflischen Plan aus. Das Konzept war nicht gerade neu, hatte aber den Vorteil, sich bewährt zu haben. Ich wusste, dass mein Schwiegervater jeden Sonntagnachmittag durch die Wege seines Anwesens spazierte. Ich heuerte für viel Geld eine Frau aus Marcos Umfeld an. Sie sollte ihn von der Straße aus durch den Zaun anbaggern und ihre weiblichen Reize ausspielen. Sie erfand eine Autopanne und bat ihn, telefonieren zu dürfen. Er ließ sie herein und beging den Fehler seines Lebens. Und ich schlich ihnen nach und fotografierte, wie sie es miteinander trieben. Ironischerweise spielte sich das Ganze in dem Nebengebäude ab, in dem auch seine Tochter mich verführt hatte. Wir hatten ihn, er saß in der Falle. Kurz darauf brach Marco nachts in das Haus meines Schwiegervaters ein, leerte den Safe und legte stattdessen einen ganzen Satz Fotos hinein. Und ich hatte den Hals aus der Schlinge gezogen: Ich war wieder frei.»

«Haben Sie keine Angst, mir von dem Überfall zu erzählen?»

«Er liegt dreißig Jahre zurück und ist schon verjährt. Der Tresor enthielt ein kleines Vermögen. Ich versuchte, es so gut ich konnte zu investieren, ohne irgendwelche Risiken einzugehen. Marco und ich verließen Paris in Richtung Südfrankreich, dann gingen wir in den Südwesten und landeten schließlich in der Bretagne. Ich mochte dieses Nomadendasein. Wir besaßen nichts, aber es fehlte uns auch an nichts, denn ich brauchte nur von Zeit zu Zeit zur Bank zu gehen und den Gewinn meiner Investitionen abzuheben. Darf ich mir noch eine Zigarette nehmen? Meine sind noch an Bord der *Corentin*, ich überlasse Ihnen gerne die ganze Packung...»

«Nur zu, nur zu. Kommen wir noch einmal auf den Tod Ihres Freundes zu sprechen: Fällt Ihnen dazu noch irgendetwas ein? Ein unangenehmes Gespräch, eine Auseinandersetzung...»

Während er nach und nach seine Lebensgeschichte

aufrollt, funkeln seine Augen lebendig und er scheint große Schwierigkeiten zu haben, wieder in die Gegenwart zurück zu finden. Bevor er antwortet, überlegt er kurz:
«Nein.»
«Hat er getrunken?»
Vieux Pierrot verzieht das Gesicht zu einer Grimasse. Ich schwöre mir, ihn nie wieder so zu nennen, jetzt, wo mir die Eckpunkte seiner Vergangenheit bekannt sind.
«Ja, aber tagsüber nicht. An den Abenden konnte er jedoch trotz meiner gegenteiligen Ratschläge und Befürchtungen zu tief ins Glas schauen. Ich wollte nicht wahrhaben, dass sich sein körperlicher Zustand verschlechterte. Andererseits, wenn er sich in so einem entrückten Zustand befand, wissen Sie, bevor der Alkohol die Leute dazu bringt, monumentalen Unsinn von sich zu geben, da konnte er bei Gesprächen jeden Abend verzaubern und die tiefsinnigsten Ansichten eines einfachen Menschen über unsere Gesellschaft preisgeben.»
«Kam es vor, dass er Sie zurückließ und den Rest des Abends in einer Bar verbrachte?»
«Nein, nie. Er trank, während wir uns unterhielten und schlief irgendwann ein, vom Alkoholdunst in den Schlaf geschaukelt. Er schlief immer als erster ein.»
«Wir kommen nun auf meine anfängliche Frage zurück: Was hatte er gestern Abend draußen zu schaffen?»
Seine Augen an die Decke gerichtet und die Arme dramatisch erhoben antwortet er kaum hörbar:
«Was weiß ich? Vielleicht musste er mal... Es sei denn, er wachte auf und glaubte, es sei schon früh am Morgen.»
«Ohne Sie zu wecken?»
«Ich habe oft Schwierigkeiten, einzuschlafen. Und

wenn ich erst mal schlafe, kann mich so schnell nichts wieder aufschrecken. Oft kam es vor, dass ich frisches Brot vorfand, als ich aufwachte: Er war bereits beim Bäcker gewesen. Also, was glauben Sie... Wie soll ich dann mitten in der Nacht aufgewacht sein?»

Ich bin mit meinen Fragen fertig und stelle fest, dass mein Gesprächspartner ziemlich erschöpft wirkt. Es tut ihm weh, von seinem Freund zu sprechen, aber er weiß, er muss da durch, es ist der einzige Weg, den Mörder hinter Schloss und Riegel zu bringen. Obwohl er der Befragung bisher bereitwillig nachkommt, müsste er jetzt vom psychologischen Standpunkt her allein sein. Er muss trauern, Abschied nehmen.

«Sie werden sich jetzt ausruhen können, *Monsieur* de Vitreux.»

Ich gehe ihm voraus, öffne die Tür und erkundige mich, bevor er draußen ist:

«Hatte er Familie? Gibt es Leute, die wir benachrichtigen müssen?»

«Ich war der einzige, den er hatte. Ich kümmere mich um die Beerdigung.»

Er macht drei Schritte und dreht sich dann um.

«Finden Sie den Mörder, *Capitaine*. Der Schurke, der ihn um die Ecke gebracht hat, muss dafür bezahlen! Falls Sie mich brauchen, ich habe vor, einige Tage im *Hôtel de l'Océan* zu verbringen. Ich könnte auf der *Corentin* jetzt nicht alleine schlafen.»

III

Kaum sitze ich wieder am Schreibtisch, läutet das Telefon: Der *Commandant* will mich so schnell wie möglich treffen. Während ich mir das letzte *Pain au Chocolat* gönne, rufe ich die Staatsanwaltschaft Quimper an. Staatsanwalt Colinet ist bereits auf dem Laufenden, beschließt, eine strafrechtliche Untersuchung einzuleiten und übergibt mir den Fall. Im Büro meines Vorgesetzten angelangt, kläre ich diesen über alle Einzelheiten bezüglich des Mords auf. Nach meinem ausführlichen Bericht schließt *Commandant* Bernier das Thema mit einem Lächeln auf den Lippen ab: «Nun, langweilig wird es Ihnen bestimmt nicht… Haben Sie auch etwas Neues zum Fall Derbain?»

Vor zwei Tagen war nachts in einem Landsitz eingebrochen worden. Gemälde, wertvoller Schmuck und Tafelsilber waren gestohlen worden. Die Eigentümer entdeckten den Diebstahl am frühen Morgen und meldeten den Vorfall, als ich gerade im *Commissariat* ankam. Der Mitarbeiter der Telefonzentrale hatte den Anruf an mich weitergeleitet, so dass ich mit den ersten Untersuchungen zu tun hatte. Am Tatort entdeckte ich, dass die Kriminellen durch ein Fenster eingestiegen waren und das Fensterglas mit Klebeband abgedeckt hatten, bevor sie es wohl ziemlich geräuschlos einschlugen. Es war eine besonders regnerische Nacht gewesen, so dass ich im Garten die Spuren von zwei verschiedenen Paar Schuhen hatte ausmachen können. Trotz des umfangreichen Einsatzes chemischen Pulvers waren in den Innenräumen keine brauchbaren Fingerabdrücke aufzufinden außer denen der Besitzer und ihrer Bediensteten. Die Hausangestellte wohnt nicht vor Ort und hat ein sattelfestes Alibi. Das Ehepaar Derbain, in den Sechzigern aber immer noch rüstig, behauptet seinerseits, nicht das geringste Geräusch vernommen zu haben.

«Ich habe die Fotos der gestohlenen Gemälde durch die nationale Datenbank laufen lassen. Von den dort aufgeführten Gegenständen hatten die Derbains allerdings keine. Interessant ist, dass die Gendarmen aus Pont-Aven in derselben Nacht zu einem Überfall auf die *Trémalo*-Kapelle gerufen wurden. Es stand in einer der Nachrichten, die reinkamen. Den diensthabenden *Adjudant* habe ich schon erreicht, er kam gleich vorbei. Da sich diese Kapelle außerhalb von Pont-Aven befindet, fand auch er Schuhspuren auf dem Boden. Ein Vergleich ergab, dass sie mit den bei den Derbains gefundenen identisch sind. Wir können also beweisen, dass beide Orte von ein und demselben Ganoven-Duo aufgesucht wurden. Den gestrigen Tag habe ich damit verbracht, die Antiquitäten- und Second-Hand-Läden in der Gegend abzuklappern. Man weiß ja nie...»

Der *Commandant*, im Grunde genommen ein ungehobelter Kerl, nickt langsam, bevor er Einspruch erhebt:

«Die Wahrscheinlichkeit ist nicht sehr hoch. Ich glaube nicht, dass man da etwas findet. Die Diebe handelten wahrscheinlich im Auftrag eines Sammlers.»

«Diesen Eindruck habe ich auch, *Commandant*, denn die Gemälde stammen alle von Malern aus dem Freundeskreis Paul Gauguins, und in *Trémalo* ist sogar der Christus verschwundenen, der Paul Gauguin so sehr inspiriert hat.»

«Das bedeutet also, dass eine Vielzahl der gestohlenen Dinge in eine Sammlung passen würden. Fehlen bei den Derbains wertvolle Werke?»
«Ja. Ich meine, verhältnismäßig wertvoll. Sagen wir zwischen einhundert und einhundertfünfzigtausend Euro pro Gemälde.»
«Von wem sind sie denn?»
«Warten Sie mal, das waren... zwei *Morets*, ein *Maufra*, ein *Sérusier* und ein *Émile Bernard*.»
«Tja, gut möglich, dass ein Sammler von Werken der Schule von Pont-Aven eine Bestellung aufgegeben hat. Andererseits, was das Silberbesteck und den restlichen Nippes betrifft... Die Diebe werden bestimmt nicht so dumm sein, sie hier in der Gegend zu verscherbeln: Seit gestern bringen die Zeitungen Schlagzeilen darüber. Etwas anderes: Haben Sie die Staatsanwaltschaft informiert?»
«Ja, das ist erledigt.»
«Wunderbar. Dann wünsche ich Ihnen viel Glück!»
«Vielen Dank, Chef.»

*
* *

Yves Audrins Zeugenaussage enthält keinerlei Anhaltspunkte, die die Untersuchung hätten voranbringen können, obwohl er die Leiche als erster gesehen hat. Während ich auf die Ergebnisse der Autopsie warte, sitze ich wie auf heißen Kohlen und fasse den Entschluss, noch einmal zum Hafen hinüber zu gehen statt in der Zwischenzeit Däumchen zu drehen. Das hat zwei Gründe: Erstens ist Marc Pagel nicht einfach ertrunken. Der Teufel soll mich holen,

wenn er nicht unmittelbar am Hafenkai verletzt und stranguliert worden ist. Und zweitens...
Na ja, beim zweiten Punkt muss ich etwas weiter ausholen. Ich bin nämlich wie bereits mein Vater in Audierne geboren. So ist es schon seit Generationen. Die einzige Ausnahme bei dieser Familientradition war mein Großvater, der in Concarneau geboren wurde, ebenso wie sein Bruder und seine kleine Schwester. Dass gleich drei Kinder außerhalb des *Cap Sizun* geboren sind, lässt sich natürlich erklären, auch wenn man nicht gerade sagen kann, dass die beiden Städte besonders weit voneinander entfernt wären. Nun, der Vater der drei Kinder war bei der *Gendarmerie Nationale* und der Stadt Concarneau zugeteilt, wo er diejenige kennenlernte, die später auch seine Frau werden sollte. Er muss Heimweh gehabt haben, denn sein Versetzungsantrag nach Audierne wurde letztendlich genehmigt, nachdem er eine langwierige strafrechtliche Untersuchung mit Bravour gelöst hatte. Und damit schloss sich der Kreis. Mit dem kleinen Haus in Concarneau, ein Familienbesitz mütterlicherseits, hatten sich die direkten Erben immer verbunden gefühlt: Er blieb Familieneigentum. Niemand hätte sagen können, wem es eigentlich gehört. Es wurde abwechselnd von allen als Ferienhaus genutzt. So kam es, dass ich schon als Kind regelmäßig nach Concarneau kam und mich jedes Mal wie ein Schneekönig freute, wenn der Tag der Abfahrt dorthin näher rückte. Als Einzelkind hatte ich mich mit den Kindern in der Nachbarschaft angefreundet und jedes Wiedersehen wurde zu einem Freudenfest. Mit ihnen hatte ich jede Straße Concarneaus ausgekundschaftet und tausende Male die Hafenkais durchstöbert. Ohne vollends einem romantischen Gefühl der Nostalgie zu verfallen, muss ich

CHILE-CONCARNEAU

zugeben: Jedes Mal, wenn mir einfällt, wie wir den ganzen Tag am Ende des *Quai Nul* angelten, wie wir ganze Nachmittage am Strand verbrachten oder auf dem riesigen Hafengelände Verstecken spielten... Ich spüre immer dieses kleine Zwicken in der Herzgegend. Meine Alltagssorgen waren zwar die gleichen wie in Audierne... Aber Concarneau... Diese Stadt hat einfach das gewisse Etwas, das mich dazu brachte, sie zu lieben... Deshalb nutzte ich die Neuordnung der nationalstaatlichen Polizeistatuten von 1995, um nach jahrelangem Dienst im Großraum Paris als *Capitaine de Police* eine Versetzung in die Bretagne zu beantragen. Nach neun Jahren in Rennes wurde ich endlich Concarneau zugeteilt.

Unterwegs kommen mir die unzähligen Versuche, mit meinen früheren Spielkameraden Kontakt aufzunehmen, in den Sinn. Als ich sie anrief, freuten sich die einen von Herzen, während andere ziemlich gleichgültig reagierten. Es ist schon seltsam, wie schwer es Erwachsenen fällt, ihre Gefühle zu zeigen, und wie ein mir unverständlicher Drang sie dazu bringt, ihre Jugenderinnerungen auszulöschen. Die Reaktionen hatten mich zwar nicht direkt verletzt, doch wusste ich nun wenigstens, woran ich war. Ich war ein Einzelgänger, hatte schon Schwierigeres erlebt, und wüsste nicht, worüber ich hätte jammern sollen. Aber es war einfach schade.

Die dunkle Spur der Blutlache ist vier Meter vom Rand des Kais entfernt gut sichtbar, etwa in gleicher Entfernung von der Bootsrampe *Cale aux Voleurs* und von den beiden alten Takelagen. Marc Pagel hat sicherlich geschrien, und nur etwa fünfzehn Meter weiter hat Pierre-Édouard angeblich nicht das Geringste gehört. Allmählich erreiche ich das

Boot, auf dem die beiden Freunde die Nacht verbracht haben. Ein Schiffstau fest mit der Hand umfassend setze ich einen Fuß auf die Reling und springe an Bord der *Corentin*, ein fast zwanzig Meter langer Logger und sogenannter *Chasse-Marée*.

An einer Seite ist die *Marche-Avec* festgezurrt, der Nachbau einer Sardinenschaluppe, wie sie im Heimathafen Concarneau Ende des neunzehnten Jahrhunderts zu Hunderten registriert waren. Rein puristisch gesehen war ich zunächst überrascht gewesen, dass ein solcher Bootstyp den größten französischen Thunfischhafen repräsentieren sollte. Eines Tages hatte ich mich jedoch in ein Buch vertieft, das die faszinierende Sardinen-Geschichte Concarneaus anschaulich schilderte. Dutzende von Konservenfabriken hatten einst die kleinen Silberfische in der Stadt verarbeitet.

Auf einem Schild an der Mastvertäuung stehen der Name *Gouelia* und eine Telefonnummer. Auf der Brücke liegt nichts herum und es gibt nicht den geringsten Hinweis darauf, dass sich hier in der Nacht regelmäßig zwei Männer aufhielten. Eine Luke führt in den Schiffsbauch hinunter. Mühsam versuche ich, sie zu öffnen, doch ich muss feststellen, dass Pierre-Édouard sie wohl inzwischen verriegelt hat. Als ich es erneut versuche, weist mich eine laute Stimme scharf zurecht:

«Heh! Was machen Sie denn da? Soll ich Ihnen helfen?»

Ich drehe mich um und vor mir steht ein riesiger Kerl, der mit den Händen auf den Hüften drauf und dran ist, die Fassung zu verlieren. Grimmig beobachtet er mich und wartet offensichtlich nur auf eine falsche Bewegung, um mich bestenfalls auf den Kai zurückzudrängen oder schlimmstenfalls ins Hafenwasser zu befördern.

«Ich bin Polizeibeamter und wollte nur überprüfen, ob sich diese Luke öffnen lässt.»
«So, so! Und warum?» Herausfordernd zweifelt er sowohl an meinen Absichten als auch an meiner Identität. Beruhigend zücke ich meinen Dienstausweis.
«Ich habe erfahren, dass zwei Männer regelmäßig auf diesem Boot übernachten, ich muss mir die Innenräume ansehen.»
«Wenn das alles ist…», brummelt er vor sich hin. «Hat es etwas mit dem Ertrunkenen zu tun?»
«Die Neuigkeiten verbreiten sich schnell, wie ich sehe. Wie ist Ihr Name?»
«Ludovic Jeunet. Ich arbeitete für *Gouelia*.»
In seiner Hosentasche sucht er nach einem Schlüssel und steckt ihn ins Schloss. Ohne Anstrengung und ohne Quietschen gleitet die Luke auf ihrer Holzleiste seitwärts.
«Bitte schön.»
Ich steige ein paar schmale Stufen hinunter und lande in der Kajüte. Aus massiver Eiche gefertigt befinden sich hier ein großer Tisch für rund fünfzehn Personen und acht Kojen.

Etwas weiter hinten zu meiner Linken erkenne ich eine kleine, praktisch gestaltete Küche. Der Mast durchstößt Decke und Boden. Daran angelehnt nehme ich nun den Raum in Augenschein. Das durch sechs Fensterluken einfallende Tageslicht reicht zur Beleuchtung aus und verleiht dem Ort eine freundliche Atmosphäre.

Ich höre, wie Jeunet auf der Brücke mit jemandem spricht, wahrscheinlich mit einem Spaziergänger.

Irrtum, denn er steigt nun zu mir herunter und fragt:

CHILE-CONCARNEAU

«Haben Sie gehört, was ich gesagt habe?»

«Nein. Was haben Sie denn gesagt?»

«Vorne gibt es noch vier weitere Kojen.» Ich gehe nur aus reiner Neugierde hinüber, denn was ich überprüfen wollte, hatte ich bereits herausgefunden: Es ist tatsächlich möglich, dass de Vitreux von dem Kampf oder dem Sturz ins Wasser nichts bemerkt hat. Die nahezu perfekte Isolierung dämpft den Außenlärm, sogar bei geöffneter Zugangsluke. Pagel hatte sie geschlossen, als er die Kajüte verließ, und sein Freund wäre nicht darauf gekommen, welches Drama sich in nächster Nähe abspielte.

«Sagen Sie, wussten Sie eigentlich, dass in der Nacht Männer auf das Boot steigen?»

«Ja, wusste ich. Wir haben gerade drei Seeleute angeheuert, um die *Corentin* vor der Saison aufzuriggen, und die haben sich mit zwei… hmm… na ja, nicht unbedingt Außenseitern, sondern mit zwei Typen angefreundet, die etwas abseits der ausgetretenen Pfade leben und einen Platz zum Schlafen suchten. Sie haben mir von ihnen erzählt, und anschließend haben wir eine Vereinbarung getroffen. Manchmal sind wir Opfer von Vandalismus, z.B. werden Biergläser an Bord geworfen, oder das Beiboot wird gestohlen… Am nächsten Tag taucht es dann auf der *Passage*-Seite gegenüber der *Ville Close* wieder auf… Solche Sachen eben! Die Tatsache, dass zwei Männer an Bord schlafen, unterbindet solche böswilligen Taten, und das Tauschprinzip Überwachung gegen Unterbringung brachte jedem etwas ein.»

«Sind Sie der Eigentümer?»

«Nein, ich vertrete die Firma *Gouelia*, eine Schiffsreederei für traditionelle und historische Schiffe. Ich wurde

vom Vorstand eingesetzt. Man hat mich damit beauftragt, Kunden für Tages- oder Wochenausflüge zu finden. Ich komme regelmäßig vorbei und überprüfe, ob alles in Ordnung ist und normal funktioniert.»
Während er sprach, hatte er seine Jacke ausgezogen und die Ärmel seines Pullovers hochgekrempelt. Starke Unterarme waren zum Vorschein gekommen.
«Sie sind nicht von hier, oder?», erkundigt er sich.
«Ja und nein. Wieso?»
«Vorher hatte ich einen Drink in Annes Hafenkneipe. Da erfuhr ich, dass jemand ertrunken ist. Ich sage „ertrunken", aber man munkelt, er sei gar nicht ertrunken. Das ist zumindest, was man so hört. Und jetzt sehe ich Sie hier herumschnüffeln und denke mir, da könnte noch etwas ganz anderes dahinterstecken. Jeder könnte doch einen Mann ins Wasser gestoßen haben, aber ganz bestimmt nicht einer, der hier gerade wohnt. Ich kenne die beiden zwar nicht sehr gut, aber ich glaube nicht, dass sie die Art von Leuten sind, die solche Gräueltaten begehen würden.»
«Bevor Sie weiterreden: Ich muss Ihnen leider mitteilen, dass es sich bei dem Ertrunkenen um den jüngeren Ihrer beiden Mieter handelt.»
«Oh!»
«Es tut mir leid, dass ich Ihnen das so plump mitteilen muss. Doch ich möchte nochmals auf das zurückzukommen, was Sie vorher sagten: Haben Sie eine Ahnung, wer…»
«Nein, natürlich nicht! Es ist nur so: Am Kai kommt eine ganze Reihe von Leuten vorbei. Sogar nachts!»
Da ich ihn mit fragenden Augen anstarre, erläutert er: «Nachts ist hier eine Menge los. Man könnte tatsächlich

glauben, Sie kommen aus Paris: Die Pariser bilden sich ein, dass der Fisch direkt vom Boot auf dem Teller landet! Die können sich gar nicht vorstellen, was zwischen dem Schleppnetz und dem panierten Fisch mit Zitronenschnitz oben drauf alles passiert. Sie wissen schon, der Fisch mit den Augen an den Ecken...»

Er hat beschlossen, mir das Leben schwer zu machen. Am besten lasse ich ihn machen, sonst würde er unser Gespräch womöglich kurzerhand abbrechen.

«Ich bitte Sie, sprechen Sie weiter.»

«Ein Hafen - das ist eine Welt für sich, der hat ein ganz eigenes Leben. Und nicht nur tagsüber! Nachts sind da die Dockarbeiter, die Schiffsbediensteten, die Schiffsmechaniker, die Männer von der Handelskammer... Ganz zu schweigen von den schlaflosen Besuchern am Kai oder denjenigen, die vorgeben, schlaflos zu sein und eigentlich auf der Suche nach einem Anteil am Fischfang sind. Die jungen Leute, die einen letzten Drink nehmen wollen, bevor sie an Bord gehen und darauf warten, dass das Bistro öffnet. Und die Männer, die ein kleines Boot haben und hierher kommen, um beschädigten Fisch für ihre Fallen zu holen. Sie sehen, hier verkehrt eine ganze Armee von Leuten! Und die Einkäufer der Fischgroßhändler kommen auch noch dazu!»

«So habe ich mir das gar nicht vorgestellt.» Mein Wissen über die Hafenumgebung erwies sich als weniger umfangreich als ich es erwartet hatte. Obwohl mir bewusst ist, wie viele Arbeitsplätze die Fischerei schafft und wie viele Familien von ihr leben, hatte ich nicht mit einer so umfassenden Liste gerechnet. Ich hatte mich auf die Verfolgungsjagd einer Nachteule eingestellt, und Ludovic

CHILE-CONCARNEAU

Jeunet beschwört eine ganze Reihe von Leuten herauf, die befragt und vielleicht verdächtigt werden müssen! Ich bin jedoch fest davon überzeugt, dass es keinen direkten Zeugen gab. Er hätte sicher eingegriffen. Es sei denn, die Täter hätten ihn durch ihre Überzahl davon abgehalten! Wie dem auch sei, mir wird klar, dass ich all diese Personen befragen muss, in der Hoffnung, dass einer von ihnen vielleicht eine klitzekleine Einzelheit bemerkt hat.

Ich bedanke mich bei Ludovic Jeunet und notiere seinen Namen in meinem Notizbuch. Jetzt ist es an der Zeit, ein wenig Ordnung in meine Gedanken zu bringen. Mit der Hafenwelt werde ich mich etwas besser vertraut machen müssen, obwohl ich geglaubt hatte, sie zu kennen wie meine eigene Westentasche.

IV

Als ich die Büros der Industrie- und Handelskammer verlasse, ist es schon Mittag. Der Direktor hat mir die Arbeitsvorgänge in der Hafenabteilung genauestens erklärt und mir die Namen und Adressen der beiden Reedereien übergeben, deren Boote heute Morgen einen Verkauf hatten. Die Hafenarbeiter werden von einer Zeitarbeitsfirma eingestellt. Sie würde mir die Identität der Nachtschichtarbeiter geben können. Mir dämmert, wie viel Zeit die Befragung all dieser Menschen in Anspruch nehmen würde. Sie alle könnten etwas gesehen, gehört oder bemerkt haben.

Meinen Schwung muss ich mir bis dreizehn Uhr dreißig aufheben, da die Mitarbeiter der Reedereien und der Zeitarbeitsfirma wahrscheinlich Mittagspause haben. Mein Magen flüstert mir zu, dass Essen und Trinken Leib und Seele zusammenhält und ich begebe mich in eine Bar hinter dem Fischmarkt, *Les Embruns*. Besonders durstige Gäste besetzen die Hocker am Tresen, und bei Witzen, die einen zwölfjährigen Jungen nicht mal zu einem Lächeln bewegen würden, biegen sie sich vor Lachen. Ich nehme ein wenig abseits Platz und rufe mit meinem Handy Murielle an. Sie arbeitet als Krankenschwester im *Laënnec*-Krankenhaus in Quimper, doch zu dieser Tageszeit hat sie eine kurze Verschnaufpause, das weiß ich.

«*Salut, ma Belle. Alles okay?*»
«Ja, und bei dir?»

«Na ja, es geht so. Tut mir leid wegen heute Morgen. Ich habe es geschafft, so wenig Lärm wie möglich zu machen, aber das Telefon hat all meine Bemühungen zunichte gemacht.»
«Mach dir nichts draus, ist ja nicht schlimm. So hatte ich Zeit, ein wenig aufzuräumen.»
«Wann kommst du denn nach Hause?»
«Wenn ich nicht länger bleiben muss, habe ich um acht Uhr Feierabend. Warum fragst du? Willst du mich ins Restaurant ausführen?»
«Ich wünschte, ich könnte, aber ich stecke bis über den Kopf in Arbeit. Heute Abend werde ich mich richtig reinhängen müssen.»
«Wenn ich das richtig verstehe, übernachtest du woanders. Wie sieht sie denn aus?»
«Braunes Haar, inzwischen schon ziemlich kalt, ein Loch im Rücken und Ableben durch Strangulation.»
«Ich verstehe...»
Ihr Kuss hallt noch im Hörer nach, doch ich bin zu mehr Diskretion verpflichtet und verhalte mich unauffällig.
Hinter dem Tresen erkundigt sich der Wirt nach meinem Wunsch. Eine *Diabolo-Citron* und ein Schinken-Butter-Sandwich habe ich mir ausgesucht. Im Handumdrehen ist es fertig, und als der Wirt sich nähert, zeige ich ihm diskret meinen Dienstausweis. Betreten geht er in Verteidigungsposition und mustert mich misstrauisch. Mit einer Geste gebe ich ihm zu verstehen, dass er mir gegenüber Platz nehmen möge. Mit einem etwas bösen Schmollmund auf den Lippen zögert er, resigniert jedoch letztendlich.
«Nur ein paar Fragen, dann bin ich wieder weg. Um wie viel Uhr öffnen Sie morgens?»

«Um zwei Uhr. Ich bin dazu berechtigt, und...»

«Tut nichts zur Sache. Keine Sorge. Warum so früh?»

«Wegen den Hafenarbeitern. Die machen eine halbe Stunde Pause, von zwei bis halb drei.»

«Und wie sieht es mit anderen Gästen aus?»

Inzwischen ist der Ton seiner Stimme etwas entspannter geworden und er antwortet bereitwillig.

«Ja, die kommen aber später. Die Einkäufer der Fischgroßhändler kommen auf einen Kaffee herein, bevor sie ihren Arbeitsag beginnen, und dann die Jungs von der IHK.»

«Ich meine... Leute, die mit der Fischauktion nichts zu tun haben...»

«Natürlich. Das kommt vor. Besonders am Montagmorgen, wenn die Nachtclubs schließen.»

«Und? War das heute Morgen der Fall?»

«Nein. Die Clubs sind montagabends geschlossen. Drei Jugendliche waren da, aber ich hab' sie rausgeschmissen.»

Ich warte auf eine Erklärung. Der Barbesitzer versteht intuitiv und liefert sie.

«Drei abgefuckte Punks. Sie waren ziemlich aufgedreht und suchten Streit. Ich weigerte mich, sie zu bedienen und zusammen mit ein paar Hafenarbeitern haben wir sie hinausbefördert.»

«Können Sie sie mir beschreiben?»

«Mehr als das! Der Vater von einem der Jungs ist öfters Gast hier. Sein Sohn heißt Lionel Carré. Er lebt bei seinen Eltern in Lanriec, in einer Sozialwohnung. Und die Namen seiner Kumpels wird er Ihnen schon verraten können.»

«Sie sagten, sie seien ziemlich aufgedreht gewesen. Sahen

CHILE-CONCARNEAU

sie aus wie Typen, die schon etwas Dummes angestellt haben oder eine Übeltat planen?»

«Woher soll ich das wissen? Sie waren halb betrunken, und Bullshit ist eine ihrer Spezialitäten.»

«Lannic, nochmal dasselbe, bitte!»

Die Kneipenbummler hatten scheinbar ihre Gläser geleert und waren ungeduldig geworden. Der Wirt entschuldigt sich und schickt sich an, jedem von ihnen fünfundzwanzig Zentiliter Bier einzuschenken. Dann kommt er zurück und setzt sich wieder. Offensichtlich stören ihn meine Fragen doch nicht.

«Es ist immer das Gleiche mit diesen jungen Hallodris: Sie scheren sich einen Dreck um die anderen und verarschen sie auch noch. Jetzt, wo ich darüber nachdenke… Ich bin mir ziemlich sicher, dass sie das Fenster der Versicherungsagentur dort hinten eingeschlagen haben.»

«Und sie haben nichts Besonderes gesagt? Sahen sie irgendwie verstört aus?»

«Nicht im Geringsten! Die haben sich gegenseitig hochgenommen und sich dabei dumm und dämlich gelacht. Dann fingen sie an, sich über einen Hafenarbeiter lustig zu machen und rumzumeckern, weil ich sie nicht bedient habe. Ich schnappte mir meinen Baseballschläger und sagte ihnen, sie sollten sich verziehen. Sie haben rumgemurrt, aber die anderen Gäste haben mich unterstützt.»

«Sie haben nicht die Polizei gerufen?»

«Wozu? Bei allem Respekt, bis die hier ankommen…»

Seinen Satz spricht er nicht zu Ende, wohl aus Angst, ich würde mich beleidigt fühlen. Männer in blauer Arbeitskleidung und Stiefeln kommen herein. Ein starker Fischgeruch begleitet sie und breitet sich überall aus.

CHILE-CONCARNEAU

«Ist das alles?», fragt der Barbesitzer. Mit dem Kopf nickend bestätige ich. Er steht auf und grinst, zweifellos erleichtert über Inhalt und Form unseres Gesprächs.

*
* *

Ich verschiebe die Besuche bei den Reedereien und bei der Zeitarbeitsfirma und begebe mich zunächst ins *Commissariat*: Vorher muss ich mir die Akte dieses Lionel Carré ein wenig näher ansehen. Trunkenheit und ungebührliches Verhalten in der Öffentlichkeit, Schlägereien, Trunkenheit am Steuer, Nichtbefolgen polizeilicher Anordnungen, Beamtenbeleidigung... Die Liste ist lang, aber nach Mord sieht das nicht aus. Könnte es sein, dass er und seine Sportsfreunde die Grenze zu einer folgenschweren Jugendsünde überschritten haben? Einem Reflex nachgebend klopfe ich an mein Holster und vergewissere mich, dass meine Waffe auch tatsächlich da ist.

Ich verlasse mein Büro, und auf dem Weg nach unten begegne ich *Lieutenant* David Fournot.

Der junge Burgunder hatte seine Abschlussprüfung als einer der Besten abgeschlossen und war so auf seinen eigenen Wunsch hin in der *Ville Bleue*, in Concarneau gelandet.

«*Salut!* Was machst du denn hier?»

«Nichts Besonderes. Ich wollte mich um die Akte von Richard Berthou kümmern. Schon mal von dem gehört?»

Ich bestätige es ihm. Also fährt er fort:

«Über das Fernschreibnetz haben wir gerade erfahren,

CHILE-CONCARNEAU

dass er soeben bei einem Autounfall am Stadteingang von Nantes ums Leben gekommen ist.»
«Dieser Halunke wird uns ja wohl kaum fehlen. Ich habe ihn einmal wegen Einbruchs verhaftet. Ich weiß auch, dass er gelegentlich mit Dope gedealt hat. Sag mal, ich bräuchte deine Hilfe. Möchtest du mich begleiten? Und unterwegs kannst du mir alles über den Vorfall erzählen.»
Im Wagen klärt Fournot mich über den Telefonanruf der Kollegen aus Nantes auf:
«Das ist kein trivialer Vorfall, Max. Stell dir vor, Berthou war der Beifahrer und der Fahrer hat sich in Luft aufgelöst.»
«Was ist es denn für ein Wagen?»
«Ein BMW, der gestern Nachmittag in Quimper gestohlen wurde. Als die Feuerwehrleute eintrafen, war Berthou schon tot und währenddessen hat der Fahrer die Verwirrung zur Flucht genutzt. Du musst zugeben: Es ist eine kleine Sensation…»
«Ja», sage ich und werfe einen Blick aus dem Fenster: Das Panorama von der Moros-Brücke aus ist herrlich. «Ich schätze, sie haben ein paar Fingerabdrücke gefunden…»
«Gut möglich, aber darüber haben wir noch gar nicht gesprochen. Hast du eine Ahnung, wer dieser Fahrer gewesen sein könnte?»
«Wenn du mich so fragst, nein… Ich hätte aber gerne gewusst, was Berthou überhaupt in Nantes vorhatte. Vorausgesetzt, Nantes war sein Reiseziel… Ich wette, der Grund war nicht unbedingt der Kauf eines riesigen Bag-in-Box-Behälters mit *Gros-Plant*-Wein oder ein Besuch im herzoglichen *Château des Ducs de Bretagne* im Stadtzentrum!»

CHILE-CONCARNEAU

«Hundert Pro, du liegst richtig. Rate mal, was im Kofferraum war! Eine Knarre und Filmmaterial. Mindestens einhundert Videos.»

«Welche Art von Videos denn?»

«Weiß der Kuckuck! Wir müssen auf die Analyse des Filmmaterials warten.»

Eine Minute später stehen wir vor den Sozialwohnungsanlagen in Lanriec. Wir finden das richtige Treppenhaus und parken ein Stück weiter unten. Damit es auch nach Stadtrandgebiet aussieht, hat wohl ein ungeschickter Bezirkstrottel seine Revolte externalisiert und die Eingangshalle und die Briefkästen mit Graffiti besprüht.

Drei Stockwerke steigen wir hoch. Mechanisch zähle ich die Stufen und hülle mich in Schweigen, damit ich mich meinem heimlichen Drang ungestört hingeben kann.

Eine schrille Musik wird zusehends lauter. Während ich läute, bleibt Fournot im Verborgenen. Bei dem umgebenden Lärm bezweifelt er wohl den Erfolg meines Vorhabens. Dennoch dauert es keine fünf Sekunden, bis sich die Tür öffnet. Vor mir steht ein junger Mann von etwa fünfundzwanzig Jahren mit unvorteilhaftem Erscheinungsbild: abstehende Ohren, die Nase mehr als markant, und die von Herpes zerfressenen Lippen lassen nur mehr Zahnstümpfe erkennen. Man kann man sich seinen Körperbau zwar nicht selber aussuchen, doch die Ungerechtigkeit der Natur lässt sich im Allgemeinen durch ein paar augenfällige Maßnahmen ein wenig ausgleichen. Das scheint ihm jedoch nicht zu liegen: Kampfstiefel an den Füßen, die wohl seit Ewigkeiten nicht mehr geputzt worden waren, zerrissene Jeans und ein ärmelloses T-Shirt, von auffälligen Tattoos übersäte Arme und grün gefärbtes Haar.

Die Musik hat er auch nicht ausgemacht… Zumindest, wenn man die ungeordneten und zusammenhanglosen Klänge, die mein Trommelfell bombardieren, als Musik betrachtet… Also begnüge ich mich mit Gesten und versuche, mit meinen Händen zu artikulieren. Der Punk starrt mich an, dreht sich um und verschwindet. Der Krawall hört plötzlich auf und der Kerl kommt zurück.

«Falls du Staubsauger verkaufst, wir haben schon einen!»

Stolz auf seinen Scherz scheint er sich damit zu brüsten, dass er mich in die Wüste geschickt hat und tritt, den Kopf überheblich nach hinten werfend, einen Schritt zurück. Ich schaue ins Innere der Wohnung. Ein Blick genügt.

«Nein, ich verkaufe keine Staubsauger, obwohl es mir so vorkommt, als würde hier dringend einer gebraucht. Dann wärst du wenigstens deine Staubmäuse und Brotkrümel los.»

«Ach so, du bist von den Zeugen Jehovas?»

«Nein, ich bin Polizist. Darf ich reinkommen?»

Ein Wort hat ausgereicht und dieser hartgesottene Kerl ist blass geworden und fängt an zu zittern. Im Nebenraum vernehme ich plötzlich ein Flüstern. Mit großer Wahrscheinlichkeit dürften es weder Mädchen noch Carrés Eltern sein, sondern seine Freunde, mit denen er gestern Abend unterwegs war. Dann schlage ich ja mehrere Fliegen mit einer Klappe. Als wolle er mir Recht geben und sich dabei selbst ins richtige Licht rücken, erklärt er wichtigtuerisch: «Ein Bulle! Wir haben Sie gar nicht gerufen. Das muss ein Irrtum sein.»

Wegen meines Berufes siezt mich der Kerl auf einmal.

«Wollen wir wetten? Weißt du, was Zwangsmaßnahmen sind?»

Blitzschnell mache ich einen Schritt nach vorne und blockiere die Tür mit meinem Fuß. Gerade rechtzeitig, bevor der Punk sie zudrücken kann. Ich lasse ihm nicht die Zeit, ein Sterbenswörtchen von sich zu geben, packe den rechten Arm und drücke ihn auf seinem Rücken angewinkelt hoch. Klassisch, zeitlos und ausgesprochen effektiv.

Carré ist etwas größer als ich. So bleibt mir nichts anderes übrig, als ihn mit schwingenden Hüften in Richtung Esszimmer zu drängen. Hier hängen auch seine Spießgesellen herum. Sie sind zu zweit, ausgestreckt auf einem ausgesessenen, heruntergekommenen Sofa, die Füße auf dem Couchtisch. An vielen Stellen des Tisches ist schon die Farbe abgesprungen. Auf dem Tisch eine aufgerissene Packung Bier, eine Packung Kekse und ein randvoll gefüllter Aschenbecher. Als die beiden Punks die missliche Lage ihres Kumpels erkennen, drängt es sie dazu, einzugreifen. Doch weit kommen sie dabei nicht. Die Bierdose zwischen den Beinen haltend verschüttet der eine auch noch sein Bier.

«Immer mit der Ruhe, ihr beiden, oder ich breche ihm den Arm!»

Sie sehen aus wie ihr Freund Lionel, mit Piercings an den Ohren, am Kinn und an den Augenbrauen. *Lieutenant* Fournot, der mir mit der Hand an der Waffe gefolgt ist, durchsucht sie nun gründlich. Dem einen nimmt er einen Schlagring und ein Teppichmesser ab. Dem anderen ein Springmesser.

«Behalten Sie sie im Auge», raune ich David zu. «Es wird nicht lange dauern.»

Ich stelle die Musik lauter und drehe meinen Gefangenen um. Vor uns die Küche, rechts der Korridor. Da gehen wir jetzt lang. In der Mitte zwei Türen, das Badezimmer und die Toilette. Weiter hinten sind noch zwei weitere Türen. Ich suche mir das Elternschlafzimmer aus, drücke den Punk mithilfe des Abführgriffs aufs Bett und setze mich auf seinen Rücken.

«Also, du Knallkopf! Am besten redest du gleich, und sag' die Wahrheit! Sonst kann ich für nichts garantieren. Kapiert?»

Meine Entschlossenheit gebe ich ihm eindringlich zu verstehen, indem ich seinen Arm auf dem Rücken noch ein Stück höher ziehe. Das entlockt ihm einen Schmerzensschrei. Ich weiß nicht wieso, aber es gibt mir ein gutes Gefühl. Ich müsste mal mit einem Seelenklempner darüber reden: Warum gibt mir das Leiden dieses Armleuchters ein gutes Gefühl? Na ja, wahrscheinlich, weil er genau für das steht, was ich tagaus tagein und das ganze Jahr über bekämpfe.

Zu allem Überfluss bin ich auch noch zwanghaft veranlagt, so dass ich den Vorgang noch ein zweites und drittes Mal wiederholen muss. Nachdem ich ihn so weichgekocht habe, lege ich ihm nun dringend nahe:

«Los, erzähl mir, was du letzte Nacht getrieben hast, und lass kein Detail aus!»

«Schon gut, schon gut!»

Ein Unschuldslamm. Es ist kaum zu glauben! Sollte es da einen ursächlichen Zusammenhang geben? Ich, ein bescheidener Polizeibeamter mit OCD, erforsche mein tiefstes Selbst und verwandle einen Schläger in ein braves Lamm…

«Raus damit!»

«Was wollen Sie überhaupt wissen?»

CHILE-CONCARNEAU

«Was du vergangene Nacht getan hast: von gestern achtzehn Uhr bis heute früh um sieben Uhr.»

Einen nach dem anderen brachte ich die Punks ins Schlafzimmer der Carré-Eltern, und alle drei erzählten sie die gleiche Geschichte. Trotz meiner Drohungen, ihnen ihre Piercings und Ohrringe auszureißen. Kurz gesagt, sie haben sich im Haus eines Freundes volllaufen lassen, den ganzen Abend und den größten Teil der Nacht. Gegen vier Uhr verließen sie dann dessen Haus in der *Rue Malakoff* und gingen zu Fuß zurück nach Lanriec.

Unterwegs hatten sie in der beim Hafen gelegenen Straße *Quai Carnot* eine offene Bar entdeckt und beschlossen, noch ein letztes Mal die Kehle anzufeuchten. Der Wirt habe sich allerdings geweigert, sie zu bedienen und habe sie buchstäblich hinausgeworfen, was ihnen gehörig gegen den Strich gegangen sei.

Aus Rache hätten sie ein paar Rückspiegel und das Fenster einer Versicherungsgesellschaft eingeschlagen, sich dann auf den Weg gemacht, und gegen fünf Uhr seien sie schließlich zu Hause gewesen.

Meine Enttäuschung ist groß, denn ich hatte tatsächlich gehofft, diesen Fall schnell lösen zu können. Am liebsten hätte ich mich so schnell wie möglich unserem zweiten Fall zugewandt, dem Einbruch in den Landsitz.

«Ruf den Transporter, David! Wir lochen sie wegen Sachbeschädigung ein. Der Versicherung kannst du auch gleich mitteilen, dass kein Selbstbehalt zu zahlen ist.»

*
* *

CHILE-CONCARNEAU

Es ist kurz nach siebzehn Uhr, als ich wieder im *Commissariat* ankomme. Inzwischen hat mir die Reederei die Kontaktdaten des Aufsichtspersonals übermittelt und versichert, dass dieselben Aufseher auch heute Abend wieder auf dem Dock arbeiten.

Von der Zeitarbeitsfirma hatte ich erfahren, dass ab zweiundzwanzig Uhr die gleichen Männer und Frauen wie am Vortag im Hafengebäude arbeiten würden. Es kämen aber noch ein paar andere hinzu. Zwei Hafenarbeiter hatten sich freigenommen. Ihre Namen und Adressen hatte ich mir aufgeschrieben und mir vorgenommen, sie zu besuchen.

Bevor ich zu meinem Dienstraum hinaufgehe, gönne ich mir noch einen Kaffee. Mir fällt ein, dass ich mich schon länger nicht mehr an der Gemeinschaftskasse beteiligt habe und stecke dem zuständigen Beamten drei Euro zu.

Drei, acht, drei und sechs Stufen später betrete ich mein Büro. Jacke und Waffe lege ich ab und rufe den Gerichtsmediziner an. Schon beim zweiten Klingeln hebt er ab. Das passiert sonst nie so schnell.

«*Bonjour, Docteur*. Hier spricht *Capitaine* Moreau aus Concarneau. Ich rufe Sie wegen einer Leiche an, die...»
«Ja, ich weiß Bescheid. Womit soll ich anfangen? Ihr Mann hat zwei Verletzungen. Eine an der rechten Wade, die andere unter dem rechten Schulterblatt. Hier haben wir es mit einem Lungendurchstoß zu tun. Beide Verletzungen wurden wahrscheinlich durch dieselbe Tatwaffe verursacht. Über die Art der Tatwaffe kann ich allerdings noch nichts sagen. Sie ist wahrscheinlich rund gewesen und am Ende spitz zulaufend, Durchmesser etwa ein Zentimeter. Der Auftreffwinkel ist merkwürdig: Es sieht nach einem Stoß von oben nach unten aus. Das Opfer ist von durchschnittlicher

Größe, also muss der Angreifer ziemlich groß sein. Oder er stand oberhalb des Opfers. Diese Verletzungen waren aber nicht tödlich. Zum sofortigen Tod konnten sie jedenfalls nicht führen. Zusammenfassend lässt sich sagen: Ihr Mann ist an einer Quetschung des Ringknorpels gestorben.»
«Sie sind mir ein wenig zu technisch heute.»
«Mit anderen Worten: Sein Kehlkopf wurde durch Strangulation gequetscht.»
«Wie lange lag er denn im Wasser?»
«Genau lässt sich das schwer sagen... Der Aufhellung der Wundränder in Kontakt mit dem Meerwasser nach würde ich sagen... etwa zwei Stunden.»
«Ich danke Ihnen, *Docteur* Valmont.»
«Die endgültigen Ergebnisse lasse ich Ihnen so bald wie möglich zukommen.»

Marc Pagel ist also gegen fünf Uhr morgens gestorben. Im Moment kann ich mit dieser Information nicht viel anfangen. Wir müssen eine Toleranz von mehr oder weniger einer Stunde berücksichtigen. Was die Tatwaffe angeht, tappen wir völlig im Dunkeln. Niemand hat bisher die geringste Ahnung, um was für eine Waffe es sich handelt, geschweige denn welche Form sie genau haben könnte. Vielleicht ein Eispickel, wie im Film *Basic Instinct*!

In einer Schreibtischschublade bewahre ich mein kostbares Telefonbuch auf. Darin finde ich, was ich suche, nämlich die Nummer von Yves Perrot, einem ehemaligen Kommilitonen aus Nantes.

«Hallo Max! Na, wie läuft's so bei dir?»
«Alles bestens. Sag mal, weißt du vielleicht, welcher Beamte die Ermittlungen zu einem Autounfall am Stadtrand von Nantes leitet? Ein Unfall von heute Morgen?»

CHILE-CONCARNEAU

«Klar kenne ich den! Ich selber ermittle in dem Fall. Das Leben hält doch immer wieder Überraschungen bereit! Ich dachte mir schon, dass ich bald etwas von euch hören würde. Schließlich wohnt der Kerl in Concarneau.»
«Dein Ermittlerinstinkt läuft wohl schon jetzt auf Hochtouren. Gibt es etwas Neues?»
«Noch nicht, aber ich habe die Staatsanwaltschaft gebeten, einen Untersuchungsrichter zu ernennen. Durch einen richterlichen Beschluss kann der Richter dann eine Lauschaktion in Auftrag geben.»
«Wieso das denn?»
«Der Fahrer hat sich davongemacht. Blut wurde zwar keines gefunden, aber er könnte verletzt sein. Doch ob er nun verwundet ist oder nicht, entweder er kennt Leute in Nantes oder er wird in seinem Schlupfloch unterkommen wollen. Heute Morgen habe ich mit deinem Chef telefoniert. Er hat mir die Namen mehrerer Personen genannt, die mit dem Opfer befreundet waren. Vielleicht ist einer von ihnen der Fahrer gewesen. Und der wird bestimmt versuchen, mit irgendjemand Kontakt aufzunehmen. Ich denke, er wird sich so nah wie möglich an die *Ville Close* herantasten wollen.»
«Alter Schwede! Gar nicht schlecht.»
«Andererseits, falls er zu schwer verletzt ist und nicht gleich nach Hause zurück kann, oder wenn ihm gar nichts fehlt und er trampt einfach oder er steigt in einen Zug… Dann gucke ich in die Röhre!»
«Ich drücke dir die Daumen.»
«Das tue ich auch. Sag mal, interessiert dich der Tote auch?»
«Nein. Ich wollte eigentlich nur ein wenig mehr über ihn in Erfahrung bringen.»

«Verrenk dir nur nicht den Hals! Ich halte dich auf dem Laufenden.»

«In Ordnung, Yves. Tschüs.»

Bevor Murielle aus dem Krankenhaus nach Hause kommt, habe ich noch Zeit, bei den beiden Hafenarbeitern vorbeizuschauen, die heute Nacht frei haben.

Während ich zum Auto gehe, versuche ich in Gedanken, dem Fahrer des Unfallwagens ein Gesicht zu geben. Eine gute Handvoll Personen würden passen, und diese Liste merke ich mir.

Mein zweites Ich wispert mir ins Ohr, dass dieser Mann vielleicht gar nicht aus Concarneau stammt. Bisher deutet absolut nichts darauf hin, und der Wagen wurde in Quimper gestohlen.

Stimmt eigentlich. Langsam drängt sich mir der Gedanke auf, dass mich die ganze Sache nichts angeht.

Es gibt auch so schon genug zu tun. Also kein Grund, über die Stränge zu schlagen.

V

Nichts gesehen und nichts gehört. Die beiden Hafenarbeiter waren gegen fünf Uhr dreißig mit der Arbeit fertig und gingen direkt nach Hause. Wohin hätten sie auch sonst gehen sollen? Natürlich sei hinter der Fischauktionshalle eine Bar. Einem Hinterhalt würden sie jedoch grundsätzlich aus dem Wege gehen, und dort seien sie bereits mehrmals kontrolliert worden.

Auf einen Sprung gehe ich nach Hause, mache mir in Windeseile ein Sandwich und kritzle für Murielle eine Nachricht auf einen Zettel. Der Elektriker und der Nachtwächter würden um zwanzig Uhr mit der Arbeit anfangen, hatte der Direktor der IHK erklärt. In Vorfreude auf die kommende Nacht trinke ich noch einen heißen Kaffee und ziehe mich um: statt dem dünnen Hemd ein T-Shirt und ein dickerer Rollkragenpullover. Mein Entschluss steht fest: Ich würde die Nacht am Hafen verbringen. Ich muss verstehen, wie der Hafen funktioniert und welche Rolle jedem einzelnen, der dort zu tun hat, zufällt. Insgeheim erhoffe ich mir von diesem Ermittlungsgang einen Hinweis oder zumindest eine entscheidende Zeugenaussage.

Den Elektriker treffe ich in der Nähe eines Laufbandes bei der Überprüfung der Verkabelung an. Er hat mich nicht kommen hören und fährt hoch, als ich ihn anspreche: «*Bonsoir*. Ich bin Polizeibeamter. Im Rahmen unserer Ermittlungen würde ich Ihnen gerne ein paar Fragen stellen.»

Die üblicherweise rötlich eingefärbte Hautfarbe

des Elektrikers wechselt von Rot zu Weiß und dann zu Blau. Ängstlich scheint er sich zu fragen, was ein Bulle in der Auktionshalle zu suchen hat. Mir ist sofort klar, dass ich ihn beruhigen muss, wenn bei der Befragung etwas herauskommen soll. Ich muss Vertrauen schaffen.

Lächelnd nehme ich mir eine Zigarette und biete ihm eine an. Höflich lehnt er ab.

«Heute Morgen wurde im Hafen die Leiche eines Mannes gefunden. Ich würde gern wissen, ob Sie letzte Nacht etwas oder jemanden bemerkt haben.»

Etwas entspannter schüttelt er kaum erkennbar den Kopf. Ich frage nur:

«Wie sind denn Ihre Arbeitszeiten?»

«Ich fange um zwanzig Uhr an und um drei bin ich fertig.»

«Und was ist Ihr Job?»

«Ich betreue die Geräte und bereite alles vor: Laufbänder, Hochdruckreiniger, Verlängerungskabel für die Winden. Wenn die Hafenarbeiter kommen, muss alles laufen.»

«Müssen Sie in der Nacht auch bei der *Cale aux Voleurs* drüben zu arbeiten oder dort in der Nähe?»

«Nein, so weit komme ich gar nicht. Manchmal gehe ich bis zum Meerwasserpumpenraum. Und selbst das kommt selten vor. Und nur dann, wenn es eine Störung gibt.»

«Alles klar. Jetzt eine etwas persönlichere Frage: Was haben Sie nach drei Uhr gemacht?»

«Da bin ich nach Hause gegangen.»

«Direkt nach Hause?»

«Na ja, wie immer eben.»

Um seiner Behauptung mehr Gewicht zu verleihen, fügt er hinzu:

CHILE-CONCARNEAU

«Meine Frau arbeitet im Laden eines Fischgroßhändlers im Hafengebiet. Sie fängt um sieben Uhr an. Also muss ich mich um die Kinder kümmern und sie zur Schule bringen. Und nach der Arbeit gehe ich natürlich direkt nach Hause. Um halb acht stehe ich wieder auf, und wenn ich von der Schule zurückkomme, lege ich mich erneut aufs Ohr.»
Ein Leuchten geht durch seine Augen. Als Archimedes Heureka rief, denke ich mir, haben seine Augen bestimmt genauso intensiv geleuchtet.
«Fragen Sie nach Victor Tanneau, wenn Sie mir nicht glauben. Das ist der Nachtwächter. Wir wohnen in der gleichen Gegend und gehen immer zusammen nach Hause.»
Ein Mann geht in die Auktionshalle. Er zieht einen Wagen, auf dem große Bottiche stehen, eine Art Rieseneimer, in die über fünfzig Kilo Fisch passen. Wie sein Kollege trägt er einen Blaumann und eine ärmellose Weste.
Ich trete näher heran, stelle mich vor und setze meine Fragerunde fort. Wie vermutet tischt mir der Nachtwächter die gleichen Antworten auf wie der Elektriker. Er bestätigt, dass sie das Hafengelände kurz nach drei Uhr zusammen verlassen haben. Der festgestellte Zeitpunkt des Mordes entlastet sie, es sei denn, sie hätten gelogen. In diesem Fall wären sie gemeinsam an der Sache beteiligt. Das kann ich mir aber nicht vorstellen. Trotzdem notiere ich ihre Namen und Alibis in meinem Notizbuch. Eine ganze Stunde muss ich noch totschlagen, bevor ich die Befragungen fortsetzen kann. Also beschließe ich, inzwischen in der Bar *Les Embruns* einen Drink zu nehmen. Die Anzahl der Kaffees, die wir Bullen an einem Tag herunterschlucken, ist kolossal! Ich bin davon überzeugt, dass der Kaffeegenuss dieses Berufszweiges der höchste sein

muss, vielleicht zusammen mit den Ärzten. Ohne diese beiden Berufe würden bestimmt letztendlich viele Importeure aus dem Geschäft gedrängt werden. Ich visiere denselben Tisch an wie zu Mittag und lasse mich auf eine quietschende Bank fallen. Heute Abend hat eine junge Dame Dienst. Während sie Gläser abwischt, behält sie die wenigen Kunden auf ihren Hockern im Auge. Ich bestelle einen kleinen Schwarzen. Neben der Kaffeemaschine stehen Tassen auf ihren Untertellern. Auch die Teelöffel und der Zucker stehen bereit und warten auf den nächsten Gästeansturm. Ich überdenke meine Kaffee-Analyse und bin der Meinung, dass Nachtarbeiter mit in die Kategorie der starken Kaffeetrinker aufgenommen werden sollten. Im Grunde genommen haben die Kaffeeimporteure also bestimmt noch viele lukrative Jahre vor sich.

In immer kürzeren Abständen öffnet sich die Tür und weitere Gäste betreten die Bar. Ein Neuankömmling reicht nach einem offenbar unabänderlichen Ritual den bereits anwesenden Männern die Hand. Dann spricht er die Kellnerin an.

Ich gebe mir Mühe, nicht so auszusehen, als würde ich sie beobachten. Keiner scheint besonders auf der Hut zu sein oder sonstige Anzeichen von Nervosität zu zeigen. Doch die Neugier lässt sich an den Gesichtern ablesen: Allen scheint der Grund meiner Anwesenheit schleierhaft zu sein. Sie selbst hätten es sich zweifellos längst vor dem Fernseher bequem gemacht oder sie würden schon in den Federn liegen. Vielleicht empfinden sie meine Anwesenheit sogar als störend. Mir bleibt nichts anderes übrig, als Desinteresse vorzutäuschen. Ich ziehe an meiner Zigarette... mehr um mir den Anschein zu geben, beschäftigt zu sein als aus dem Bedürfnis nach Nikotin. Währenddessen lausche ich Gesprächen über ebenso triviale wie abwechslungsreiche Themen: der Sieg der lokalen Fußballmannschaft vom vergangenen Wochenende, der wichtige Punkte für den Verbleib im Wettbewerb bringt, der Beginn des Films im ersten Programm, die Brüste und der kleine Po der Filmheldin im Zweiten... Nur drei Männer an einem Tisch unterhalten sich leise über Kaisergranat und Seezungen. Ich vermute, sie reden über die *Godaille*, ihren Anteil des Fangs, den sie gerne mit nach Hause nehmen würden.

Immer häufiger schauen die Hafenarbeiter auf die Uhr, auf ihre eigene oder auf die Wanduhr an der Theke, und beeilen sich, ihr Getränk entweder zu bezahlen oder erneut zu bestellen. Zwei oder drei sind bereits gegangen und gehen mit den Händen in den Taschen Richtung Auktionshalle. Innerhalb von fünf Minuten ist das *Bistro* leer. Ich warte noch ein paar Sekunden und folge ihnen hinaus in die kühle Nacht.

Ein Streifenwagen steht etwas abseits. Die beiden Polizeibeamten nähern sich diskret, als sie mich erkennen. Vorausschauend hatte ich um Unterstützung gebeten. Die Hafenarbeiter sollen sich schließlich nicht miteinander austauschen können, während ich andere befrage.

Wenn ich die Erklärungen des Agenturleiters der Zeitarbeitsfirma richtig verstanden habe, werden die Hafenarbeiter zunächst einem Boot zugeteilt. Ihre Anzahl hängt vom Fischfangvolumen ab. Dann gehen sie ihren Kollegen zur Hand und sind alle gleichzeitig fertig. Je nach Reihenfolge der Namen auf der Liste wählen sie ihren Posten und holen sich dann die entsprechende Ausrüstung: Stiefel, Ölzeug, Handschuhe...

CHILE-CONCARNEAU

Heute Abend müssen drei Boote entladen werden. Zwei davon sind bereits entladen: Die Männer an Bord haben die Fischcontainer mit Hilfe einer Winde angelandet und anschließend in Kühlräumen verstaut. Was noch zu tun bleibt, ist das Sortieren des Fangs. Auf dem dritten Boot, einem Trawler von etwa zwanzig Metern Länge, ist die Besatzung gähnend mit der Entladung beschäftigt. Fünf Hafenarbeiter sollen sie unterstützen und den Fang sortieren.

Während die Teamleiter die Rollen verteilen, gehe ich auf die Leiter der Reedereien zu, die ein Stück weiter vorne friedlich plaudern. Aus dem Gespräch wird allerdings nichts. Gleich zu Beginn verkünden sie wie aus einem Mund, dass sie die Auktionshalle seit dem Vorabend nicht verlassen hätten und lediglich darauf warten würden, dass um halb sieben der Verkauf starte. Dann würden sie die Tür von außen schließen. Im Hafengebiet hätten sie keine Unbekannten gesehen und nichts Ungewöhnliches bemerkt.

Mit ihrer Ausrüstung bewaffnet kehren die Hafenarbeiter vom Kai zurück. Ich gehe auf den ersten Teamleiter zu und spreche ihn an.

«*Bonjour*, oder besser gesagt guten Abend. Ich bin Polizeibeamter und ermittle im Fall eines Ertrunkenen. Ich möchte mit jedem einzelnen Ihrer Männer sprechen.»

«Wann? Jetzt?»

Er wirft mir einen entgeisterten Blick zu. Ich will ihn nicht verärgern und versuche, ihn zu beruhigen:

«Keine Sorge, es wird nicht lange dauern.»

«Na ja, das war nicht geplant! Keine Ahnung, ob...»

«Je schneller es vorbei ist, desto besser für alle.»

CHILE-CONCARNEAU

Er ahnt, dass es ebenso unwillkommen wie unnötig wäre, mich zu verärgern. Ich strecke meine Hand nach dem Blatt Papier aus, das er in der Hand hält. Ohne mit der Wimper zu zucken lässt er es sich aus der Hand nehmen.
«Robert Marchand, sind Sie das?»
Er nickt. Während ich die Liste der Namen in meinem Notizbuch festhalte, fahre ich mit der Befragung fort.
«Hatten Sie gestern Abend das gleiche Team?»
Ein wenig ungelenk und nervös kratzt er sich am Hinterkopf, als würde er dabei angestrengt nachdenken. Ist er denn nun eingeschüchtert oder einfach nur beschränkt? Die Antwort lässt tatsächlich auf sich warten. Ich halte ihm das Blatt Papier unter die Nase und es dauert gut dreißig Sekunden, bis der Hafenarbeiter den Mund aufmacht:
«Ja, alle bis auf den letzten.»
«Und welcher ist das?»
«Der, der die Behälter säubert.»
«Gut, danke. Dann beginne ich die Befragung mit Ihnen. Um wie viel Uhr waren Sie gestern Abend fertig?»
Erneut versinkt der Befragte in Schweigen. Man kann von Glück sagen, dass sich die Fragen auf die jüngste Vergangenheit beziehen. Die Verzögerungen bei der Beantwortung würden sonst bestimmt die Vernehmung gefährden...
«Um halb sechs.»
«Und was haben Sie dann gemacht?»
Ausnahmsweise antwortet er sofort:
«Ich war auf einen Drink im *Embruns*.»
«Und bis wann waren Sie da?»
Er nickt mehrmals mit dem Kopf. Als er den Mund öffnet, um die Frage zu beantworten, verfärbt sich seine Haut leicht rötlich.

«Sagen Sie die Wahrheit, ich überprüfe das nämlich.»

«Bis acht», brummelt er.

Dieses Detail hatte er anscheinend verbergen wollen, sich dabei aber verquatscht. Wahrscheinlich war es gleichbedeutend mit mehr als den erlaubten null Gramm Alkohol am Steuer. Es war ihm offensichtlich nicht in den Sinn gekommen, dass ein Polizeibeamter nur aus einem weit schwerwiegenderen Grund Befragungen durchführen würde.

«Haben Sie die Bar zwischen fünf Uhr dreißig und acht Uhr verlassen?»

«Nein», flüstert er, wie ein Kind, das von seinen Eltern bei einem Streich ertappt wird.

«Ich muss Sie bitten, niemandem von diesem Gespräch zu erzählen. Die Polizeibeamten beobachten, was Sie tun, während ich Ihre Leute befrage.»

Stotternd bezeugt er sein Einverständnis und errötet wieder. Er ist bestimmt ein netter Kerl. Wie bei den meisten Menschen lähmt die Anwesenheit eines Polizisten sein Denkvermögen und verzerrt seine Verhaltensweise. Ich werfe ihm ein wissendes Lächeln zu und wünsche ihm viel Glück. Dann mache ich mich auf den Weg.

Vor Jahren hatte ich einen Freund und seine Frau eine Woche lang in die Bretagne eingeladen, das Klima ist schließlich sehr angenehm hier. Auch eine Fischauktion wollten wir unbedingt eines Morgens miterleben und standen an diesem Tag sehr früh auf. Es muss im April gewesen sein, wenn ich mich recht erinnere. Aber mehr als an die Kälte und die Feuchtigkeit erinnere ich mich an die Windböen, die, aus der Fahrrinne kommend, heulend unter das Gebäude rauschten. Mantel- und Jackenkragen

CHILE-CONCARNEAU

hochgeschlagen und die Hände tief in den Taschen vergraben wendeten wir den beißend kalten Windböen so oft wie möglich den Rücken zu. In der Zwischenzeit war eine Mauer errichtet worden. Sie versperrt die Sicht auf den Horizont, so dass nun jeder, der einen Blick auf die Festungsstadt *Ville Close* werfen möchte, mit den für die Förderbänder vorgesehenen Öffnungen vorliebnehmen muss.

Ein Gabelstaplerfahrer hat gerade den Inhalt des ersten Containers auf dem Förderband entleert. Er hat sich sehr bemüht, den Container langsam zu entleeren. Das erleichtert den Sortierern, die an einem anderen, senkrecht dazu laufenden Förderband stehen, die Arbeit. Auf dem Boden stehen schon Kisten bereit, in denen die Fische nach Art und Größe sortiert werden. Aber im Moment sind sie noch dabei, Schürzen und Handschuhe anzuziehen. Auch eine Frau ist im Team dabei. Ihr Haar hat sie kokett mit einer Spange hochgesteckt und ist sogar geschminkt. Gerade legt sie sich den Schal um den Hals zurecht.

Ich stelle mich vor und erläutere, was ich von ihr wissen will:

«Ist Ihnen gestern Abend etwas aufgefallen?»

«Nein, gar nichts.»

Sie hat meine Frage spontan beantwortet. Meine Verwunderung über die schnelle Antwort fällt ihr auf, und so fügt sie hinzu:

«Seitdem sie die Wand hochgezogen haben, sieht man nichts mehr. Genau genommen ist das nicht so schlimm: Früher war ich sozusagen das ganze Jahr über erkältet! Aber, um auf Ihre Frage zurückzukommen: Wie soll ich denn mit dieser Wand vor Augen irgendetwas sehen?»

«Ich verstehe. Um wie viel Uhr sind Sie fertig gewesen?»

«Gegen fünf Uhr.»
«Sind Sie direkt nach Hause gegangen?»
«Selbstverständlich!», verkündet sie, schnappt gleichzeitig drei Rotzungen und wirft sie zielgenau in eine Kiste.
«Ich habe zwei kleine Kinder zu Hause!»
«In welche Richtung?»
«Richtung *Avenue de la Gare* natürlich.»
Ich lächle über das Missverständnis und formuliere die Frage präziser.
«Ich meinte, wenn Sie Ihren Arbeitsplatz verlassen. Wo war Ihr Wagen geparkt?»
«Auf dem Parkplatz am *Quai Carnot*.»
«Und dort haben Sie auch nichts bemerkt?»
«Nein.»
Ich bedanke ich mich und wende mich dann den Männern zu. Sie sind zu viert und kümmern sich um die großen Fische, den Teil des Fangs, der gemeinhin „*Chaudrées*" genannt wird: Pollack und Köhler, Rochen, Seeteufel, Lengfisch, Kabeljau, Meeraale… Einen nach dem anderen befrage ich sie, doch die Aussage, die schon die Frau machte, zieht sich durch alle Aussagen: Die allseits bekannte Mauer versperrt jede Sicht. Ob es sein könnte, dass hinter ihnen jemand gegangen sei, hatte ich gefragt. Doch sie hatten mich zurück zu den Reedereileitern geschickt, sie seien zu beschäftigt gewesen und hätten gar nicht darauf geachtet. Auch sie hatten um fünf Uhr dreißig Feierabend gemacht, waren allerdings ohne den Umweg über *Les Embruns* nach Hause gegangen. Hinter den Sortierern ersetzt einer der Männer die vollen Kisten durch leere und wiegt anschließend die vollen ab. Auch er tischt mir die gleiche Aussage auf.

CHILE-CONCARNEAU

Von Zweifeln erfasst frage ich mich ernsthaft, ob ich hier jemals eine hilfreiche Aussage bekommen würde. Vielleicht würde ich am Kai mehr Glück haben. Bevor ich zwischen Laufband und Mauerkante verschwinde, lege ich den Polizeibeamten nahe, die aufkommenden Gespräche zu verfolgen.

Der Kühlraum ist geöffnet. Zwei Gabelstaplerfahrer holen die zwischengelagerten Container mit dem frischen Fang heraus: Jeder von ihnen ist einem der Schiffe zugeordnet, und der frische Fang wird zum Sortieren zu den Förderbändern gebracht. Einer der beiden füllt gerade ein Förderband mit Fisch auf. Ich nutze die Gelegenheit und beginne die Befragung. Der Mitarbeiter der Handelskammer beugt sich bereitwillig meiner Bitte, behält dabei aber das Förderband im Auge und bedient gleichzeitig einen Hebel an seinem Gabelstapler.

«Man kann nicht gerade sagen, dass im Moment viel los ist. Im Sommer ist das natürlich anders: Die Touristen wollen beim Anlanden des Fangs dabei sein. Manchmal müssen wir sie sogar lautstark verscheuchen, damit sie auf die Seite gehen und uns in Ruhe unsere Arbeit machen lassen. Aber letzte Nacht habe ich niemanden gesehen.»

«Ich schätze, Sie haben wie die anderen um fünf Uhr dreißig Feierabend gemacht?»

«So um den Dreh herum. Gegen fünf Uhr habe ich den letzten Container geleert. Danach habe ich den Hubwagen abgestellt und bin zurückgekommen, um den Jungs noch zur Hand zu gehen.»

«Wo stellen Sie den Hubwagen ab?»

Mit der Kinnspitze zeigt er auf einen freien Platz hinter

dem Kühlraum, Richtung *Cale aux Voleurs*. Schlagartig bin ich interessiert und hänge an seinen Lippen.

«Zeigen Sie mir den Platz!»

«Das geht leider nicht, ich habe keine Zeit.» Hörbar stößt er den Atem aus. «Da müssen Sie einen anderen Kollegen bitten.»

«Es geht mir gar nicht um den Raum, wissen Sie? Ich würde mir gern eine Vorstellung davon machen, was Sie von diesem Ort aus gesehen haben könnten.»

Ihm dämmert, was ich ihm andeutungsweise zu verstehen gebe und schneidet verdutzt eine hilflose Grimasse.

«Ich wünschte, ich könnte Ihnen helfen, aber ich habe gar nichts gesehen. Ich habe den Hubwagen zum Aufladen angeschlossen und bin ausgestiegen. In diesem Moment fuhr die *Danichlo* in den Hafen ein. Einen Moment lang dachte ich, ich könnte mir eine *Godaille* geben lassen, einen Anteil des Fangs, aber sie fuhr weiter zur *Cale aux Voleurs*. Wird wohl ein schlechter Fang gewesen sein, schätze ich.»

«Erklären Sie mir das mit der *Cale aux Voleurs* nochmal, das habe ich nicht richtig verstanden.»

Dieses Mal war der Grund meiner Nachfrage keineswegs mein zwanghafter Drang zur Wiederholung. Ich muss jedes Wort aufsaugen, auf mich wirken lassen und dann abschätzen, ob es sich lohnt, die Sache zu verfolgen oder nicht. Mein Ermittlerinstinkt lässt mich hellhörig werden.

«Es ist ganz einfach: Wenn die Ringwadenfischer vom Meer zurückkommen, fahren sie direkt zum Kai und laden ihren Fisch ab. Wenn die *Danichlo* nicht zum Kai fährt, bedeutet das, dass sie nichts gefangen hat. Außerdem habe ich mich geirrt, als ich ihn sah: Die *Danichlo* ist nämlich auf kleineren Fang aus, das ist gar kein Ringwadenfischer.»

«Gut, danke. Und Sie haben gesehen, wie sie an der *Cale aux Voleurs* angelegt hat?»
«Nein, das habe ich nicht gesagt! Ich sagte, die *Danichlo* ist in diese Richtung gefahren. Vielleicht hat sie ja gedreht und hat irgendwo anders angelegt. Keine Ahnung.»
Er dreht mit seinem Hubwagen um, bringt den Behälter zum Waschen und holt einen neuen. Ich notiere mir diese Information sorgfältig und gehe dann auf den anderen Staplerfahrer zu. Wegen einer Bauchgrippe war auch er am Vortag nicht da gewesen, ebenso wenig wie der zweite Containerwäscher, ein wortkarger Kerl. Während des Gesprächs hatte er den Wasserstrahl seines Hochdruckgeräts kaum unterbrochen und dabei nur knapp verfehlt, mich zu bespritzen.

Wieder zurück in der Auktionshalle bestätigt mir einer der Polizeibeamten, dass das Gesprächsthema bisheriger Konversationen ausschließlich professioneller Art gewesen sei. Als ich mich dem zweiten Teamleiter nähere, einem Muskelprotz, der aussieht wie ein Rugby-Spieler, werde ich stutzig. An seinem Blick erkenne ich, dass er keineswegs vorhat, mit mir zu kooperieren. Als ich ihm den Zweck der Ermittlungen darlege, gibt mir der Hafenarbeiter mit bildhaften Worten zu verstehen, dass er mit der ganzen Sache nichts zu tun haben wolle und ich besser daran täte, die Männer nun ihre Arbeit machen zu lassen. Er hat seinen Standpunkt lautstark von sich gegeben, sodass die Sortierer aufgehört haben zu arbeiten. Er ist jedoch der Meinung, dass er die Sache auf die Spitze treiben muss. Im Allgemeinen bin ich zwar sehr besonnen, aber in diesem Fall frage ich mich ernsthaft, ob ich ihn einsperren lassen oder am besten doch gleich ordentlich eins auf die Nase geben soll. Ich fühle, wie die Wut in mir aufsteigt, in meinen Fingerspitzen kribbelt es. Offensichtlich sind mir meine Gefühle ins Gesicht geschrieben, denn der Hafenarbeiter wird plötzlich kreidebleich. Mit steifen Beinen steht er da und seine Hand schließt sich krampfhaft um den Griff des Hakens, den er bei seiner Arbeit verwendet. Er bekommt es wohl auf einmal mit der Angst zu tun. Der Bulle mit dem scharfen Blick würde womöglich demnächst in Wut ausbrechen. Mit jeder Sekunde scheint er mehr zu erstarren. Ob ihn der erste Schlag wohl mit der Faust oder mit dem Fuß trifft? Weder mit der Hand noch mit Fuß! Unerschütterlich und überlegen lächle ich ihn an. Doch dieser große Rüpel mit der flachen Nase, den fehlenden Zähnen und den abstehenden Ohren hat mir gerade in der Tat einen Gefallen getan. Wie Schuppen fällt es mir von den Augen, ein wesentlicher Punkt der Ermittlung: Marc Pagel wurde mit einem Haken verwundet, bevor er erwürgt wurde! Vielleicht nicht genau mit diesem Haken, aber auf jeden Fall mit einem Haken. Die Aussage des Gerichtsmediziners kommt mir in den Sinn und ich ärgere mich, dass ich nicht schon früher darauf gekommen bin. Als der andere Teamleiter vorhin die sortierten Fischkisten aneinandergereiht hatte, war mir so ein Haken schon aufgefallen. Mir war eingefallen, wie ich als Kind mit einem Haken unter den Felsen nach den Schwimmkrabben gejagt hatte. Erst jetzt wird mir die mögliche Verbindung klar.

Der Hafenarbeiter scheint meinen Ermittlungen nun nicht mehr im Wege stehen zu wollen. Er hält mein Verhalten für einen Trick.

«Kommen Sie», fordere ich ihn auf. «Unterhalten wir uns ein wenig.»

CHILE-CONCARNEAU

Ich werfe einen Stapel Kisten umgekehrt auf den Boden und setze mich darauf. Als Zeichen meiner friedlichen Absichten hole ich die Zigarettenschachtel heraus und biete ihm eine Zigarette an.

Der Mann tritt von einem Fuß auf den anderen und zögert sichtlich, die Hand auszustrecken. Ich werfe ihm das Päckchen zu. Mit zitternden Fingern holt er eine Zigarette aus der Schachtel. Jetzt endlich scheint er mir gewogen zu sein. Erstaunlich, wie eine angebotene Zigarette einer Situation eine neue Wendung geben kann. In manchen Fällen reicht es aus, eine Kippe anzubieten, um beim Gegenüber Widerstände abzubauen... Und da plappert er auch schon los! Seine Zunge sitzt nun so locker, dass er manchmal den Faden verliert und ich mehrmals gezwungen bin, einzugreifen, um die Befragung zu fokussieren.

Innerhalb von zehn Minuten weiß ich alles über ihn: Über seinen Blutdruck, der ihm Streiche spielt, und seine nachlassende Sehkraft. Er erzählt mit sogar von seinem Nachbarn, der ein Arschloch sei und einen Hund besitze. Dessen Bellen würde ihm nicht nur den ganzen Tag auf die Nerven gehen, sondern ihn nachts auch vom Schlafen abhalten.

Aber was er da alles erzählt, ist völlig witzlos, es interessiert mich nicht im Geringsten. Daher lenke ich das Gespräch auf sein Arbeitsgerät.

«Das ist ein Fischhaken», erklärt er. «Zu Hause habe ich ein halbes Dutzend davon, aber die sind schon ziemlich stumpf. Diesen hier hat mir ein Kumpel hergestellt.»

«Darf ich?»

Der Griff ist etwa zehn Zentimeter lang und senkrecht an einen Stab geschweißt, Durchmesser etwa ein Zentimeter, und ein Meter lang. Nach einer Rundung läuft der Haken spitz zu. Die Spitze ist zwar nicht wirklich scharf, aber es ist offensichtlich, dass sie beim Eindringen in weiches Fleisch gehörigen Schaden anrichten könnte. Gezwungenermaßen muss ich mir eingestehen, dass dies jeden Hafenarbeiter potenziell zum Verdächtigen macht.

«Wie verwendet man so einen Haken?»

Er lässt sich den Haken wieder geben und geht auf die sortierten Fischkisten zu, die neben einer in den Boden eingelassenen Waage stehen. Er schiebt den runden Teil des Hakens unter den Griff einer Seeteufelkiste, zieht sie auf die Waage, kritzelt das Gewicht auf ein Stück Papier und schaufelt anschließend Eis darauf. Kaum zu glauben, wie schnell er die Kiste einreihen konnte. Dann kommt er zurück, greift nach einer Kiste Lengfisch und beginnt den ganzen Vorgang von vorne. Nach einem kurzen Blick auf die Fangmeldung positioniert er sie in drei Schritten Abstand von der Seeteufelkiste.

Jetzt kommen die großen Rotzungen an die Reihe. Er bringt sie ans andere Ende des Saals und stellt sie an dem diesem Boot zugewiesenen Platz ab. Dabei müssen die großen *„Chaudrées"*-Fische natürlich immer von den *„Cardines"* wie Rotzungen, Seehechte, Schollen, Seezungen usw. getrennt werden. Er platzt beinahe vor Stolz, der gute Mann! Vor Zuschauern legt er sein ganzes Herzblut in jeden Handgriff und gibt dabei mächtig an. Innerhalb von genau neun Minuten hat er seinen Rückstand aufgeholt, allerdings schweißgebadet.

«Haben Sie gesehen? So arbeitet man mit diesem Haken!»

Jetzt will er weiterreden. Es wird schwierig werden,

CHILE-CONCARNEAU

mich dem Gespräch mit dieser urwüchsigen Figur zu entziehen. Da fällt mir eine Kiste mit Seelachs ins Auge. Ihn daraufhin verweisend nutze ich die Gelegenheit, dass er mir den Rücken zudreht und verschwinde.

*
* *

Eine Stunde später sind alle Hafenarbeiter befragt, aber ich bin mit der Ermittlung kein Stück weitergekommen. Na ja, nicht ganz. Immerhin bin ich an Bord des kleinen Trawlers einem Hafenarbeiter begegnet, der gerade im Laderaum arbeitete. Bei seiner Arbeit benutzt er einen anderen, etwas kürzeren Haken als sein Kollege. Damit stach er den großen Fischen so in den Kopf, dass sie nicht beschädigt wurden, und beförderte sie in Fischkisten, die in der Nähe standen. Mithilfe des Hakens konnte er auch die Trennwände in den Fischkisten entfernen und die Fischkisten damit genau unter die Luke ziehen. Von hier werden sie mit der Winde auf den Kai gehoben. Als ich ihm bei der Arbeit zusehe, drängt sich mir eine Überzeugung auf: Die Waffe, die Marc Pagel in die Wade und unter dem Schulterblatt getroffen hatte, muss einem Reißzahn wie diesem ähneln. Zwar könnte ich alle Handhaken zu Untersuchungszwecken beschlagnahmen lassen, doch es ist ziemlich unwahrscheinlich, dass man noch irgendwo Blutrückstände finden würde. Außerdem wäre eine solche wissenschaftliche Untersuchung ziemlich zeitaufwendig, und die Hafenarbeiter brauchen schließlich ihre Ausrüstung.

Obwohl dies kein triftiger Grund ist, meldet sich mein Ermittlerinstinkt: Ich wittere, dass hier einfach nicht die richtige Spur zu finden sein wird.

CHILE-CONCARNEAU

Der Nachtaufseher der IHK ist in Hörweite, das kommt mir gelegen. Ich rufe ihn herbei und erkundige mich nach den Jobs, die den Gebrauch eines Handhakens erfordern. Der Mann zählt sie auf: Hafenarbeiter, die Angestellten der Fischgroßhändler, ambulante Fischkleinhändler... Nach der Befragung von etwa zwanzig Personen dämmert mir, dass ich erst einen winzigen Bruchteil der Verdächtigen mit meinen Fragen erreicht habe. Eines aber steht für mich außer Frage: Der Mörder benutzt bei seiner täglichen Arbeit einen Handhaken. Ich weiß zwar noch nicht, ob es ein kurzer oder langer ist, aber ich vermute, dass es sich um einen kurzen Reißzahn handelt.

In diesem Moment komme ich mir vor wie ein Cluedo spielendes Kind. Bis jetzt kenne ich den Tatort und die Mordwaffe. Ich brauche „nur noch" den Mörder zu finden.

VI

Nach der Anzahl der Container auf dem Kai zu urteilen, sind die Hafenarbeiter wohl noch eine Weile beschäftigt. Anders verhält es sich mit dem kleinen Trawler. Nach einem kräftigen Händedruck wünscht der Kapitän und Schiffseigner seiner Crew eine gute Nacht und bereitet sich auf die Fischauktion vor. Der Mitarbeiter der Handelskammer und er zählen die aufgereihten Kisten. Die Enttäuschung steht dem Kapitän ins Gesicht geschrieben: Die gefangene Menge wird von mal zu mal geringer und die Zukunft daher ungewiss.

Ein Polizist bietet mir einen Kaffee an, den ich gerne annehme. Vorsorglich hat er eine volle Thermoskanne, Tassen, Zucker und drei Löffel mitgebracht. Ich schenke ihm ein dankbares Lächeln und biete eine Zigarette an. Während wir die Entlade- und Sortiervorgänge beobachten, unterhalten wir uns über Belangloses: Irgendwie muss man ja schließlich die Zeit totschlagen. Ich bin von Natur aus nicht sehr gesprächig und unser Gespräch versiegt bald. Das gehört zu meinem Temperament: Ich ziehe Taten den Worten vor.

Auf einmal bekomme ich riesigen Hunger: Es ist schon eine halbe Ewigkeit her, seit ich etwas gegessen habe. Mein Magen knurrt, und den beiden Polizisten geht es offensichtlich genauso. Beim Anblick der Fische läuft mir das Wasser im Munde zusammen. Ich stelle mir die leckersten Gerichte vor, die man sich nur denken kann: eine gebratene Seezunge, gebackene Seebrassen, Seehecht in Court-Bouillon mit Mayonnaise oder Vinaigrette und die unvermeidlichen Salzkartoffeln, Rochen *Beurre Noir*...

CHILE-CONCARNEAU

Bevor das *Embruns* aufmacht und ich einem Schinken-Sandwich mit salziger Butter einen Schritt näherkomme, beschließe ich, noch auf einen Sprung zur *Cale aux Voleurs* hinüberzugehen. Die Hände tief in die Jackentaschen vergraben gehe ich denselben Weg zurück, auf dem ich heute Morgen gekommen bin. Gestern Morgen, fällt mir ein, heute ist ein anderer Tag. Ich gehe an Bord der *Corentin*. Zunächst muss ich jedoch die Sprossen einer im Mauerwerk des Kais befestigten Leiter hinunterklettern.

Ich bin am Tatort. Es ist zwei Uhr nachts. Der Gerichtsmediziner schätzt den Todeszeitpunkt auf etwa vier Uhr fünfunddreißig. Ich muss mich in Pagels Lage hineinversetzen. Nur so kann ich herausfinden, was sein Ableben verursacht hat. Ich schließe die Augen und konzentriere mich. Ich bin jetzt Marc Pagel und gerade aufgewacht. Alles ist so wie immer.

Ich schiebe die Holzplatte beiseite und atme die frische Nachtluft ein. Was sehe ich? Wer oder was hat mich ins Jenseits befördert? Was würde rechtfertigen, mir den Lebensfaden abzuschneiden? Die Nachtarbeiter hinter mir sind schwer beschäftigt. Ich kann sie zwar nicht sehen, aber ich höre sie arbeiten. Zu meiner Linken spiegeln sich die Lichter der *Ville Close* im Hafenwasser, und mit der steigenden Flut tanzen einige Boote darauf. Gegenüber der *Cale aux Voleurs*, der Parkplatz der Touristeninformation und die *Avenue Pierre Guéguen*. Kein einziges Motorengeräusch ist zu hören. Zu meiner Rechten der Hafenkai. Gibt es etwas, wovor ich mich fürchten müsste? Jetzt fallen mir dunkle Schatten auf. Bevor mir mein Angreifer einen Schlag versetzt, habe ich doch noch Zeit, meinen Freund um Hilfe zu rufen. Es sei denn… Es sei denn, ich kenne meinen Angreifer und ahne nicht, dass er mir etwas antun will. Möglich wäre aber, dass ich beschäftigt bin und ihn nicht kommen höre. Und wenn es so gewesen ist... Welche Tätigkeit habe ich denn ausgeübt, dass ich die Annäherung meines Mörders nicht bemerkt und Pierre-Édouard gar nicht um Hilfe gerufen habe? Wie sehr ich mir auch den Kopf zerbreche, mir fällt nicht ein, wie sich der Täter unbemerkt hätte anschleichen können. Es sei denn, dieser verdammte Angreifer ist von der einzigen Seite gekommen, aus der ich ihn nie erwartet hätte: dem Hafen! Nein, das halte ich für unrealistisch.

Fazit: Ich kenne den Mörder oder ich bin mit irgendetwas beschäftigt, das mich abgelenkt hat. Nur womit? Pinkeln vielleicht! Das klingt zwar ziemlich simpel, es würde aber mein frühes Aufstehen erklären. Ich trete nun auch in Aktion und pinkle über die Reling... So ist es, das Polizistenleben: verschiedene Szenarien durchspielen und kombinieren und geistige Klimmzüge machen... Anstatt alle mir zur Verfügung stehenden Aspekte in Betracht zu ziehen und darüber nachzudenken, was tatsächlich passiert sein könnte, verrenne ich mich in unwahrscheinliche Mutmaßungen. Der Mörder stieg nicht auf die *Corentin!* Vielmehr stieg Marc Pagel zum Hafenkai hinüber, was die Blutspur bezeugt. *Et Merde!* Ich dachte, ich hätte den Anfang der Geschichte. Also auf ein Neues: Ich versetze mich wieder in Pagel. Ich bin aus den Federn gekrochen, um zu pinkeln. Ich stehe an der Reling, die Augen verquollen, dicke Zunge und vom Alkohol noch leicht benebelt... Vor dem Schlafengehen habe ich mir einiges reingezogen... Welches Ereignis könnte mich dazu bewegt haben, die Leiter hinaufzusteigen? Ein Versuch, den

Logger zu vandalisieren, den Pierre-Édouard und ich in Verwahrung haben? Es ist sehr wahrscheinlich, dass meine Anwesenheit ausreichen würde, den Vandalen zum Abflug zu bewegen. Vielleicht ruft mich jemand, täuscht vor, dass es ihm schlecht gehe. Dann würde es sich allerdings um grundlose Gewaltanwendung handeln. Vielleicht bin ich mit jemandem in Streit geraten? Aber auch das wäre zu weit hergeholt zu dieser Zeit und an diesem Ort. Obwohl... Manche Menschen werden aus der Bahn geworfen und führen dann ein merkwürdiges Leben... Oder lädt mich eine schnuckelige Puppe ein, ihr Gesellschaft zu leisten? Lächerlich! Stöckelschuhe und Handhaken passen gar nicht zusammen.

An diesem Punkt angelangt, lässt mich ein Scheuern hochfahren. Ich drehe mich um. Mit angespannten Muskeln mache ich mich kampfbereit und weiche reflexartig zurück. Schließlich soll kein Handhaken meinen Schädel zertrümmern. Deshalb bin ich entschlossen, zur Not ins Hafenwasser zu springen. Das brächte mir Vorteile: Ich könnte so einem Pistolenschuss entgehen oder der scharfen Klinge eines Messers ausweichen... Die Flamme eines Feuerzeugs blitzt aus dem Heck des Loggers hervor. Ich erkenne Pierre-Édouard de Vitreux de Barnac. Daraufhin normalisiert sich mein Herzschlag: Ich entspanne mich schnell. Gedankenverloren hatte ich ihn in der Nacht nicht wahrgenommen und bin deswegen furchtbar erschrocken. Verflixt, er muss mich für einen schönen Dilettanten halten, der Herr Baron. Was für ein Superbulle... Die unausgesprochenen Worte breiten sich in meinem Innern aus: Der ist nicht mal in der Lage, die Anwesenheit eines Dritten auf fünf Meter Entfernung zu bemerken, und beim Geräusch eines Feuerzeugs kriegt er fast einen

CHILE-CONCARNEAU

Herzkasper! Wie soll der Mörder des armen Marcs gefasst werden, wenn so ein Clown die Ermittlungen leitet! Er wird mich wohl verfluchen, zur Hölle wünschen, der Baron, und mit mir alle Polizisten von Frankreich! De Vitreux rückt ein wenig zur Seite. Ich setze mich neben ihn auf die Bank hinter dem Steuerrad. Während ich eine abfällige, vielleicht ironisch gefärbte Bemerkung befürchte, flüstert Pierre-Édouard nur:
«*Merci.*»
Ein Wort, nur eines. Aber was für ein Wort! Mir wird klar, dass ich die Achtung de Vitreux' nicht verloren habe. Das ist wichtig für mich, gewisse Moralvorstellungen bedeuten mir schließlich etwas. *Merci...* Fünf Buchstaben, die mich beruhigen. Ich fasse sie als Ermutigung auf. Mehr als der Beifall einer jubelnden Menge beleben sie mich. Wenn ich es mir recht überlege, ist es nicht nur das Wort, das mich aufrüttelt, sondern alles: das Wort, der Ton, in dem es gesprochen wurde, und an erster Stelle die Persönlichkeit des Sprechers. Dieser Mann besitzt eine solche Ausstrahlung, dass ich mir fest vornehme, ab jetzt mein Bestes zu geben. Ich möchte ihn nicht enttäuschen. Ich kann ihn nicht enttäuschen! Ich will ihn nicht enttäuschen! Es geht um meinen Stolz, und noch viel mehr um mein seelisches Gleichgewicht. Stundenlang könnte ich mich im Kreis drehen, doch mein stummer Monolog verwässert die Magie des Augenblicks. Also höre ich auf zu denken und genieße gelöst die Glückseligkeit des Augenblicks. Schwer zu sagen, wie lange wir so verharren und jede Minute dieser seltenen Verbundenheit in vollen Zügen genießen. Wenn uns jemand so sehen würde, er würde zweifellos glauben, wir stünden miteinander telepathisch in Kontakt.

CHILE-CONCARNEAU

Ein leichter Nieselregen kommt auf. Es wird klamm und wir erwachen aus unserer schweigenden Verbindung.
«Sie sollten schlafen gehen...»
Pierre-Édouard hört mir zu und scheint die Vorzüge dieser Bemerkung abzuwiegen. Nach ein paar Sekunden antwortet er:
«Ich will wissen, ...»
Das hätte ich mir denken können. Nichts und niemand kann den Baron daran hindern, bis in die frühen Morgenstunden ein wachsames Auge auf die *Corentin* zu werfen und selbst zu ermitteln.
«Seien Sie vorsichtig! Sie sollten kein Risiko eingehen. Wenn Sie mich brauchen, ich bin in der Fischauktionshalle.»

*
* *

Die Warterei ist noch nicht zu Ende. Mit zwei Sandwiches im Magen fühle ich mich der Aufgabe schon ein bisschen besser gewachsen und befrage die eintreffenden Hafenarbeiter. Es ist jetzt gegen vier Uhr. Zuerst löchere ich die beiden für die Qualitätskontrolle zuständigen Angestellten der IHK. Sie sind dabei, den detaillierten Fischfang in ihrem Computersystem zu erfassen. Dann kommen die Einkäufer der Fischgroßhändler. Ihre Aufgabe ist es, die Qualität des Fangs zu beurteilen. Außerdem haben sie so die Möglichkeit, den anstehenden Einkauf ihrer Kundenbestellungen aus ganz Frankreich vorauszuplanen: Sie können schon jetzt die besten Posten erspähen. Die amtlichen Veterinäre kommen auch vorbei und nehmen ein paar Fische zur Laboranalyse mit. Lästermäuler behaupten zwar, dass diese Analyse auf dem Teller stattfindet, besonders dann, wenn es sich um Seeteufel, Rotbarbe oder Seezunge handelt.

CHILE-CONCARNEAU

Inzwischen hat der Verkauf begonnen. Früher verkündete der Verkäufer die Auktionen lautstark über sein Mikrofon. Doch diese Zeiten sind vorbei! Der ganze Prozess ist computerisiert. Kein Zwinkern mehr, keine Kopf- oder Schulterbewegungen, die bei der Auktion einen Preisanstieg ausgelöst hätten.

Zwei Polizisten und *Brigadier* Vernet haben ihre Kollegen um fünf Uhr abgelöst. Ihre Anwesenheit ist nun auch nicht mehr notwendig. Sie können anderen Dingen nachgehen. Ich allerdings bleibe noch ein wenig: Mir ist danach, diese besondere Atmosphäre noch weiter auf mich einwirken zu lassen. Alle sind beschäftigt, und keiner nimmt von mir Notiz. Mein Ermittlerinstinkt hat mich nicht enttäuscht: Pierre-Édouard kommt auf mich zu. Seine Müdigkeit lässt sich an seinem Gang erkennen. Er scheint sogar um zehn Jahre gealtert zu sein. Bartstoppeln lassen seine Wangen und sein Kinn fast blau erscheinen, und sein Schnurrbart sieht nicht getrimmt aus.

«*Alors?*»

Schon wieder fünf Buchstaben. Genau wie sein *Merci* wirken sie raumfüllend, allumfassend, fordern eine Antwort. Kürzer kann man es kaum machen, außer mit einem fragenden Blick oder einem Nicken. Sein Sinn für Verkürzungen erinnert mich an den Briefwechsel zwischen *Victor Hugo* und seinem Verleger. Welches Buch war es nochmal? Hugo hatte die Verkaufszahlen seines Titels in Erfahrung bringen wollen und hatte einfach ein Fragezeichen auf seinen Brief gezeichnet. Der Verleger hatte mit einem Ausrufezeichen geantwortet.

«Nichts. Nicht das Geringste. Und Sie?»

«Auch nichts.»

CHILE-CONCARNEAU

Was wäre passiert, wenn er etwas gesehen hätte? Pierre-Édouard, körperlich weniger kräftig als Marc Pagel, wäre bestimmt im Wasser gelandet, mit einem schönen runden Loch im Rücken oder im Herz.

«Sie sollten schlafen gehen. Das wird Ihnen guttun.» Der Baron nickt und verschwindet. Trotz seiner Müdigkeit und der Trauer verliert er seine natürliche Klasse keineswegs. Von einem löwenhaften Gähnbedürfnis befallen beschwöre ich gedanklich mein Bett herauf und das Bild einer schlafenden Murielle steigt aus meinen träumerischen Gedanken auf. Am liebsten würde ich mich jetzt an sie kuscheln. Ich spüre ihren warmen Körper... Also gut, verspreche ich mir selbst: Ich gehe kurz auf die Polizeiwache und wenn es dort nichts Besonderes zu tun gibt, geht es ab nach Hause - Matratzenhorchdienst! Mit etwas Glück treffe ich dann auch nicht auf den *Commandant:* Gewöhnlich kreuzt er nämlich schon vor acht Uhr auf der Wache auf.

Ich mache mich auf den Weg, in dieselbe Richtung wie Pierre-Édouard. Hundert Meter vor mir sehe ich ihn. Vor der *Corentin* hält der Baron inne und lässt seinen Blick umherschweifen, als würde er die Umgebung absuchen. Die Hände in den Jackentaschen vergraben setzt er sich wieder in Bewegung, den Kopf ungewöhnlich tief zwischen den Schultern. Genau wie er bleibe ich in der Nähe des Loggers kurz stehen. Seit der Ertrunkene aus dem Hafenbecken gezogen wurde, sind vierundzwanzig Stunden vergangen. Meine Ermittlungen stecken fest, ich bekomme kein Bein auf die Erde! Trotzdem, ich habe nicht den geringsten Hinweis unbeachtet gelassen, keine aufkeimende Hypothese unterdrückt. Was schließe ich daraus? Dass es sich um ein perfektes Verbrechen handelt? Nein, völlig unmöglich! Mit der ganzen Kraft meines Polizistenstolzes weise ich den Gedanken zurück. Hinzu kommt auch Pierre-Édouards verständlicher Wunsch, den Mörder für sein Verbrechen büßen zu sehen. Das perfekte Verbrechen kann es nicht gewesen sein. Aber welche Details habe ich dann übersehen? Wie sehr ich mir auch den Kopf zerbreche, mir fällt nichts ein. Und wenn der Handhaken nicht die Tatwaffe war...? Das würde bedeuten, dass ich mich völlig verrannt habe. Man darf natürlich eines nicht vergessen: Bei der nächtlichen Befragung ging es im Wesentlichen um die Möglichkeit, dass einer von ihnen etwas Verdächtiges gesehen haben könnte. Aber als ich erkannt hatte, dass der Handhaken die Tatwaffe ist - oder bleiben wir vorsichtshalber beim Verdacht – die Tatwaffe hätte sein können, habe ich nicht mehr nach Zeugen, sondern nach einem Täter gesucht. Oder nach zwei, oder drei... Ich tappe nach wie vor im Dunkeln! Schlimmer noch: Ich bewege mich im Kreis. Da fällt mir Herkules' Kampf mit der Lernäischen Hydra ein: Kaum habe ich den Kopf eines Verdachts zerschlagen, wachsen an dessen Stelle mehrere andere Verdachtsmomente nach. Ich will endlich die Zusammenhänge ein wenig klarer erkennen und zwinge ich mich dazu, die wesentlichen Fakten aneinanderzureihen. Wer ist der Tote? Marc Pagel. Gibt es einen Zeugen? Nein. Todesursache? Strangulation. Vorausgegangen sind zwei Wunden, eine in der Wade, die andere unter dem Schlüsselbein. Und die Tatwaffe? Ein Handhaken oder... oder irgendetwas anderes. Die Liste der Verdächtigen? Unendlich.

Diese Situation zermürbt mich. Aber es ist die nüchterne Analyse der Fakten. Alle Fakten aneinandergereiht, bleibt kaum etwas übrig. Nur die Identität des Verstorbenen und die Todesursache. Was diesen Punkt angeht, werde ich mich mit *Docteur* Valmont in Verbindung setzen müssen, um ihm die Idee des Handhakens als die Waffe vorzutragen, die Pagel zweimal getroffen hat. Wer weiß, vielleicht bringt mich das weiter? Also rufe ich Valmont in Quimper an.

Ich will gerade wieder los, als mir ein *Caseyeur* ins Auge fällt, einer der Fischtrawler, der vor allem mit Reusen Krebs- und Krustentiere fängt. Er verlässt den für diesen Bootstyp vorgesehenen Ponton in der Nähe des *Pénéroff-Kais*. Inzwischen ist es ganz hell geworden und ich kann den Namen des Bootes erkennen: *Danichlo*. Sofort erinnere ich mich an die Worte eines Hafenarbeiters. Laut rufe ich den Lotsen des Bootes. Der Fischer ist allein an Bord und starrt mich an, erkennt mich jedoch nicht und scheint zu glauben, dass der Zuruf einem anderen gilt. Er konzentriert sich also weiter auf die Navigation.

«Hierher!», brülle ich aufs Wasser hinaus. «*Danichlo*, hierher!»

Mit Worten und Gesten fordere ich ihn auf, näher zu kommen. Trotz des Motorengeräusches hat der Fischer mich endlich gehört, dreht sich ein zweites Mal um und sieht mich. Ich hatte daher erwartet, dass er wenden würde. Stattdessen gibt mir der Matrose mit einer unmissverständlichen Geste zu verstehen, dass ich mich zum Teufel scheren soll. Seine Reaktion ist ziemlich eindeutig. Ich brauche mir also nicht mehr Mühe geben, ihn zum Umkehren zu bewegen. Der Mann fährt aufs Meer hinaus. Nichts zu machen, das Gespräch muss vertagt werden. Ich gehe zur Polizeiwache und rufe Valmont an.

VII

Die Türklingel reißt mich aus den Träumen. Das Bild einer tropischen Insel, bewohnt von leicht bekleideten Nymphen, verschwimmt langsam vor meinem inneren Auge. Als Schiffbrüchiger war ich am Ende meiner Kräfte gewesen, aber auf wundersame Weise waren meine Lebensgeister zu neuem Leben erwacht, als ich die Bewohnerinnen der idyllischen Insel entdeckte. Ich brauche ein paar Sekunden, bis ich mich orientieren kann und steige beim zweiten Türklingeln aus dem Bett. Wenn es ein Vertreter von Sockelleisten, Wachspinseln, Glasbiegehämmern oder sonst wer ist, mache ich ihn auf der Stelle zur Schnecke! Ich nehme mir fest vor, ihm deutlich zu verstehen zu geben, wie sehr mich dieses unerwartete Erscheinen stört. Barfuß im Schlafanzug begebe ich mich an die Tür. Meinen Ärger schlucke ich hinunter und öffne die Tür. Eine Frau steht mir gegenüber. Ihr Gesicht sagt mir zwar etwas, aber auf Anhieb kann ich sie nicht einordnen. Sie ist hübsch, ein wenig jünger als ich, und geschmackvoll geschminkt. Schräg umgehängt trägt sie eine große Handtasche, in die bestimmt mühelos drei Wörterbücher passen würden.

«*Bonjour*», sagt sie mit einem Lächeln auf den Lippen. Kein professionelles Lächeln, das einem potentiellen Kunden gilt, nein, ein offenes und warmes Lächeln. Ich weiß, dass ich sie kenne, aber ich erinnere mich nicht, wann unsere Wege sich gekreuzt haben. Ich erwidere ihre Begrüßung freundlich und beginne, mein Outfit zu bereuen.

CHILE-CONCARNEAU

«Erkennst du mich nicht?»
Na so was! Sie duzt mich auch noch! Ein entzückendes Grübchen entsteht durch die Mimik in ihrem Gesicht, und mir dämmert, dass ich dieses Grübchen schon einmal gesehen habe. Dennoch gelingt es mir nicht, diesem hübschen Gesicht einen Namen zuzuordnen.
«Sylvie! Sylvie Le Roux!»
Warum hatte mir nur ihr Name nicht einfallen wollen? Der Schwarm meiner Jugend! Als ich als Kind die Schulferien in Concarneau verbrachte, wohnten sie und ihr Bruder drei Häuser weiter. Kaum waren wir damals angekommen, rannte ich zu ihrem Haus.
«Ach ja, natürlich! Ähm...»
«Störe ich? Ich hätte vielleicht vorher anrufen sollen.»
«Aber nicht doch. Komm rein.»
Sie macht einen Schritt nach vorne, zögert ein wenig, bevor sie mich auf die Wange küsst, und tritt ein. Ich schließe die Tür und werfe im Vorbeigehen unauffällig einen Blick in den Spiegel im Flur: Mein Haar ist mehr oder weniger in Ordnung, aber meine Augenpartie ist geschwollen und meine Gesichtszüge wirken mitgenommen. Sie muss wohl glauben, dass ich ziemlich fertig bin.
«Im *Commissariat* haben sie sich zuerst geweigert, mir deine Adresse zu geben. Doch mit ein wenig Charme habe ich es schließlich geschafft. Ich habe ein paar Mal geklingelt, dann kam deine Nachbarin heraus und sagte mir, dass du auf jeden Fall da wärst.»
Die gute *Madame* Sellin! Die Königin der Klatschbasen! Die Vorstandsvorsitzende des Buschfunks und der Klatschspalten! Die Rädelsführerin endlosen Straßengetuschels! Ich habe keine Ahnung, wie sie es anstellt, aber sie weiß

fortwährend einfach alles! Über jeden! In jeder Straße der Stadt, in jedem Geschäft, in jeder Verwaltung muss sie ein ganzes Netz von Spionen haben. Was der Grund für Sylvies Besuch ist, werde ich gewiss bald erfahren, doch ich werde nun bestimmt der nächste sein, den *Madame* Sellin im Visier hat. Es wäre nicht das erste und sicher auch nicht das letzte Mal, dass sie jemanden anschwärzt. Sie hat nämlich schon so manche Karriere und so manches Projekt ruiniert.

«Möchtest du einen Kaffee?»

«Nein, danke. Ich werde nicht lange bleiben. Es tut mir leid, wenn ich dich gestört habe, aber ich habe ein... ein kleines Problem und...»

«Jetzt warte doch mal: Ich mache uns zuerst einen Kaffee, dann ziehe ich mich ordentlich an und bin ganz Ohr. *D'accord*?»

«Na gut, danke.»

«Mach es dir bequem! Ich bin gleich wieder da.»

Nach zwölf Minuten stehe ich wieder vor ihr. Den hängen gebliebenen Fischgeruch von der vorigen Nacht bin ich nach einer warmen Dusche erfreulicherweise losgeworden.

Bis auf meine Wangen und mein Kinn, die aufgrund des wachsenden Bartes beinahe blau erscheinen, sehe ich viel besser aus als vorhin im Schlafanzug.

Ich fülle zwei Tassen mit dem heiß dampfenden Kaffee und setze mich ihr gegenüber.

«*Voilà*. Schieß los, ich höre.»

Sie trinkt einen Schluck und mustert mich mit der Tasse in der Hand mit ihren schönen hellblauen Augen.

«Ich weiß nicht, ob es richtig war, herzukommen. Vielleicht liege ich auch falsch. Ich will auf keinen Fall jemanden beunruhigen oder dir Mehrarbeit aufhalsen... Es ist wahrscheinlich besser, wenn...»

Die Erfahrung hat mich gelehrt, dass fast alles eine Frage der Intonation ist. Man muss wissen, wie man einen Gesprächspartner zum Sprechen ermutigt. Das muss in der eigenen Stimme mitschwingen. Meist entspannt sich das Gegenüber irgendwann und liefert seine Informationen. «Erzähl doch einfach. Was davon zu halten ist, beurteilen wir später.»

Sylvie nickt, trinkt ihre Tasse aus und beginnt zu erzählen.

«Ich arbeite auf dem Sozialamt... und manchmal werde ich mit Fällen konfrontiert, wo kaltblütige Abscheulichkeit und echte Grausamkeit überwiegen. Vor drei Jahren hatte ein Ehepaar einen Adoptionsantrag gestellt. Sie wollten unbedingt ein Kind adoptieren und hatten alle Dokumente zusammengetragen. Sie verdienten sehr gut, waren seit mehreren Jahren verheiratet, konnten aber keine Kinder bekommen. Es sprach absolut nichts gegen eine Adoption, bis herauskam, dass sie sich im Internet in kinderpornografische Websites einloggten. Bei der polizeilichen Untersuchung ergab sich die Frage: Hatte sich das die Frau oder der Mann zu Schulden kommen lassen, oder waren es beide? Es kam zu einer Anzeige und der Adoptionsantrag wurde selbstverständlich abgelehnt. Als sich herausstellte, dass der Ehemann der Übeltäter war, wurde eine Bewährungsstrafe gegen ihn ausgesprochen.»

«Das ist wirklich das Mindeste.»

«Natürlich. Was mich allerdings ziemlich wundert, ist, dass die Frau sich nicht hat scheiden lassen. Wenn jemand erfährt, dass sein Ehepartner kinderpornografisches

Material aus dem Internet herunterlädt und sich sexuell zu Kindern hingezogen fühlt, wäre es eigentlich normal, dass man denjenigen verlässt. Oder was meinst du? Und da das bei der Ehefrau unerwarteterweise nicht der Fall ist, gehe ich davon aus, dass wohl beide pädophile Präferenzen haben müssen.»

«Das leuchtet mir ein. Wenn ich dich richtig verstehe, möchtest du, dass der Fall gerichtlich wieder aufgerollt wird und...»

«Nein. Vermutlich wäre es ohnehin vergebliche Mühe. Statt der bestehenden Einzelverurteilung gäbe es eine Doppelverurteilung, und die dann konsequenterweise auch nur auf Bewährung. Und damit hätte es sich. Es wäre ein Schuss ins Leere.»

«Nein, da täuschst du dich. Es gäbe auf jeden Fall Konsequenzen: Die Verurteilung würde auch in der Akte der Angeklagten vermerkt werden und würde sicher beide von einer erneuten Straftat abhalten.»

«Ja, vielleicht hast du Recht. Aber... Es ist nicht das, worauf ich hinaus will.»

Ihr Mund zuckt unruhig. Sylvie verknotet und verrenkt ihre Finger, bevor sie mit zögernder Stimme fortfährt:

«Gestern bin ich nach Lorient gefahren. Ich habe bei einer ehemaligen Studienkommilitonin zu Mittag gegessen, dann haben wir einen Einkaufsbummel gemacht. Aline, meine Freundin, hat eine besondere Vorliebe für Klamotten, weit mehr als ich. Nachdem sie viel zu lange Sachen anprobierte, ließ ich sie einfach in der Damenabteilung zurück. Ich bin in die Kinderabteilung gegangen. Und rate mal, wen ich beim Aussuchen von Unterwäsche beobachtet habe?»

«Den Pädophilen?»
«Nein, seine Frau! Ich hatte sie zwar seit dem Prozess nicht mehr gesehen, aber ich bin mir ganz sicher, dass sie es war. Ich habe mich ein Stück entfernt und sie beobachtet. Zuerst dachte ich, sie würde sich die Höschen nur ansehen, aber dann ging sie mit mehreren zur Kasse. Der Gedanke, dass ein Kind in ihre Fänge gerät, ist mehr als bedrückend und liegt mir schwer auf der Seele. Heute Morgen nun erinnerte ich mich daran, dass ich vor ein paar Monaten dein Bild in der Zeitung gesehen hatte... Als du nach Concarneau versetzt wurdest. Ich dachte: Wenn mir jemand helfen kann, dann ist es Maxime.»

Unruhig stehe ich auf, gehe im Raum auf und ab und denke angestrengt nach. Ohne Sylvies Worte in Frage stellen zu wollen, bestand dennoch die Möglichkeit, dass die Unterwäsche vielleicht für einen Neffen oder für jemand anderen bestimmt war... Nein, das wäre aberwitzig. Eltern würden die Unterwäsche für ihre Sprösslinge selbst kaufen. Sie würden sich nicht an eine Tante wenden, so nah sie ihnen auch stünde.

«Ich muss zugeben, es ist ziemlich beunruhigend. Wie lautet der Name des Ehepaares?»

«Lucien und Clotilde Chauveau.»

«Ihre Berufe?»

«Er ist Architekt. Sie ist nicht berufstätig. Sie ist Innenarchitektin, aber das Einkommen ihres Mannes reicht wohl aus. Sie wohnen in *Le Rouz*.»

«Ich werde sehen, was ich tun kann. Aber dir ist bestimmt klar, dass ich keine Untersuchung beantragen kann, nur weil sie ein paar Kinder-Unterhosen gekauft hat. Ich verspreche dir aber, dass ich mich persönlich darum kümmern werde.»

«Halte mich bitte auf dem Laufenden, Maxime.»
«Aber sicher. Hier, ich gebe dir meine Handynummer.» Während ich zehn Ziffern auf einen Zettel kritzle, greift Sylvie in ihre Handtasche, zieht eine Visitenkarte heraus und reicht sie mir. Ihrem Mädchennamen beigefügt, fällt mir der Name *Rupert* ins Auge.
«Was macht dein Mann denn so?»
Ein trauriges Lächeln breitet sich auf ihrem Gesicht aus.
«Die Scheidung ist zwar noch nicht rechtskräftig, aber wir leben schon seit zwei Jahren nicht mehr zusammen.»
«Entschuldigung, ich...»
«Du musst dich nicht entschuldigen. Es ist einfach... wie das Leben halt so spielt. Es ist gut, dass wir keine Kinder haben.»
Sie steht auf und während sie ihre Jacke anzieht, murmelt sie noch:
«Es hat mich gefreut, dich wiederzusehen. Bis bald, Maxime. Und danke für den Kaffee.»
Nun ist er wieder allein, der Maxime, und bedenklich angeschlagen! Als hätte ich nicht schon genug zu tun... Zwischen dem Kunstdiebstahl und dem Mord muss ich nun auch noch ein wachsames Auge auf die Machenschaften des Architekten und seiner Frau haben. Ich kann doch nicht an jeder Straßenecke zugleich ermitteln! Wenn ich diese drei Fälle gleichzeitig durchziehen will, werde ich den Zeitaufwand wohl oder übel mit verdichteten Dienstzeiten wettmachen müssen...

*
* *

CHILE-CONCARNEAU

Wenn der Wein entkorkt ist, muss man ihn auch trinken, sagt das Sprichwort. Das ist richtig, muss ich zugeben. Sylvie ist zwar weg, aber ins Bett zieht es mich nicht mehr. Nicht dass ich keine Lust mehr hätte, in die Federn zu kriechen, aber trotz des Schlafmangels ist die Müdigkeit wie weggeblasen.

Vom Büro aus rufe ich den Gerichtsmediziner Valmont an, den ich vor acht Uhr nicht hatte erreichen können. Besonders interessiert mich seine Meinung zum Handhaken als mögliche Tatwaffe. Der Reißzahn sei als Tatwaffe keineswegs auszuschließen, bestätigt der Arzt. Dennoch will er einige Tests durchführen, bevor er einen endgültigen Bericht herausgibt. Anschließend nehme ich mit Yves Perrot in Nantes Kontakt auf.

«Nun, wie sieht es aus? Hast du etwas Interessantes ausfindig machen können?»

«Das kann man wohl sagen, ja! Sagt dir der Name Olivier Lamingue etwas?»

«Ja, ein kleiner Gauner.»

«Genau! Olivier Lamingue hat gestern um neun Uhr sechsundvierzig Laurent Guder in Concarneau angerufen, also etwa zweieinhalb Stunden nach dem Unfall. Ich bin davon überzeugt, dass Lamingue bei dem Unfall, der Richard Berthou das Leben kostete, dabei war. Mehr noch, er saß sogar selber am Steuer des BMW. Lamingue entkam und hat sich so schnell wie möglich vom Acker gemacht. Wahrscheinlich ist er ins Stadtzentrum von Nantes getrampt. Von dort aus rief er nämlich Guder an, das war über die Telefonüberwachung eindeutig festzustellen. Vermutlich sollte Guder ihn abholen und anschließend zurück nach Concarneau bringen. Davon ist zumindest auszugehen.»

«Das sehe ich auch so… Das macht Sinn… Diesen Guder kenne ich allerdings nicht.»
«Möchtest du ihn kennenlernen?»
«Das musst du mir näher erklären.»
«Na ja. Ich werde nicht extra nach Concarneau kommen können, um diesen Mann zu befragen. Das würde mich einen ganzen Tag kosten. Und überlastet bin ich außerdem. Sogar überbeansprucht. Ich habe mir gedacht, dass du ihn vielleicht stattdessen befragen könntest… Was die rechtliche Seite angeht, brauchst du dir keine Sorgen zu machen. Ich habe mit dem Richter vereinbart, dass ein Rechtshilfeersuchen ausgestellt wird. Das dürfte in Kürze bei dir im Büro eintreffen.»
«Ich muss feststellen, dass bereits alles in die Wege geleitet ist. Du hättest aber ruhig vorher fragen können! Glaubst du, ich habe nichts zu tun? Aber lass es gut sein. Ich bin heute gut drauf. Ich werde mich darum kümmern.»
«Das freut mich, Max… Ich bin übrigens auch auf ein Notizbuch von Berthou gestoßen, mit vielen Adressen in Nantes und Umgebung. Das müssen die Kunden sein, bei denen sie das Bild- und Filmmaterial abgeben sollten. Ich werde es mir näher ansehen.»
«Gut. Es ist allerdings anzunehmen, dass die Kunden gestern Morgen auf ihre Lieferung gewartet haben und der Unfall die ganze Organisation durcheinander gebracht hat…»
«Genau. Die ganze Branche dürfte ziemlich auf der Hut sein und Lamingue wird daher umso schwerer zu fassen sein. Die Presse habe ich vorerst nicht über den Unfall informiert und Anweisung gegeben, auch die Identität des Opfers zunächst nicht preiszugeben.»

«Prima! Viel Glück weiterhin. Ich sage dir Bescheid, sobald ich mit Guder gesprochen habe. Tschüs.»

Es ist zum Davonlaufen! Bei diesem Ermittlungstempo werde ich gleich mehrere Mitarbeiter einstellen müssen! Zu allem Überfluss klingelt auch noch das Telefon.

«Ein Anruf vom *Commissariat* Versailles», meldet die Vermittlung.

«Stellen Sie durch.»

Eine laute Stimme mit elsässischem Akzent dringt an mein Ohr...

«Hier spricht *Lieutenant* Schmitt. Ich rufe wegen einiger Kunstwerke an, die vor kurzem in Ihrer Gegend gestohlen wurden. Wir haben einen Antiquitätenhändler aufgesucht und manche der Gegenstände bei ihm gefunden. Sie entsprechen der Beschreibung in der nationalen Datenbank.»

«Großartig! Eine Sekunde.»

Ich schnappe mir die Mappe, in der ich meine Aufzeichnungen nach dem Überfall auf den Landsitz hinterlegt habe, und nehme die Aussagen und Fotos der fehlenden Gemälde heraus.

«*Voilà*, da bin ich wieder. Da waren Sie aber schnell! Der Diebstahl ist doch erst vor drei Tagen passiert.»

«Ich muss sagen, wir hatten großes Glück. Ein Antiquitätenhändler wurde bereits seit mehreren Monaten verdächtigt, mit Waren zweifelhafter Herkunft Geschäfte zu machen. Er stand unter Beobachtung, und als wir Beweise hatten, konnten wir ihn endlich in die Mangel nehmen.»

«Herzlichen Glückwunsch! Und in der Zwischenzeit sind keine Bilder verkauft worden?»

«Bilder sind leider gar keine dabei, *Capitaine*. Nur Nippes und Tafelsilber.»

«Merkwürdig. Vielleicht sind sie bereits weiterverkauft worden. Ich werde die Eigentümer verständigen und... Wenn wir schon dabei sind: War vielleicht eine polychrome Skulptur darunter? Ein Christus am Kreuz, fast zwei Meter hoch?»
«Nein.»
«Schade. Ich nehme an, Sie ermitteln in dieser Sache weiter?»
«Ja, wir stehen noch ganz am Anfang.»
«Ich verstehe. Sollte sich herausstellen, dass die Einbrecher aus der Bretagne, genauer gesagt, aus dem Finistère stammen, möchte ich benachrichtigt werden.»
«Wird gemacht, *Capitaine*. Sie erhalten einen vollständigen Bericht, sobald wir mehr wissen.»
«In Ordnung. *Merci*.»

Der Kollege aus Versailles hat mir aus der Klemme geholfen. Nun brauche ich mich nur noch mit einer einzigen Ermittlung zu befassen. Den Rest des Vormittags verbringe ich mit Telefonaten. Ich verständige die Bewohner des Anwesens von der bevorstehenden Rückgabe ihres Eigentums, und dann rufe ich die Gendarmerie in Pont-Aven an. Alle gratulieren mir, obwohl ich an der Verhaftung des Antiquitätenhändlers gar nicht beteiligt war. Immerhin steht aber dieser Fall kurz vor dem Abschluss, auch wenn die Diebe noch auf freiem Fuß sind.

Mir ist nach einer kleinen Verschnaufpause zumute. Ich gönne mir einen Kaffee und begrüße bei dieser Gelegenheit die *Lieutenants* im Nachbarbüro. Normalerweise teilen sich drei von ihnen ein Büro, aber nur zwei sind gerade anwesend: der junge David Fournot und Luc Pallas, ein großmäuliger Südfranzose. Er ist älter und scheint Fournot ziemlich einzuschüchtern. Immer wieder gibt Pallas kleine Sticheleien von sich, die ihn nicht gerade zu einem besonders geschätzten Kollegen machen. Nur zwei Männer bleiben von ihm verschont: *Commandant* Bernier und ich. Ich habe zwar den Verdacht, dass er mich nicht ausstehen kann, doch mein Rang gebietet ihm, wenn schon nicht Respekt, so doch zumindest mir gegenüber zu schweigen. Der Südfranzose reicht mir lustlos die Hand und blickt zum Fenster.

«Es regnet wieder! Hier regnet es ja ständig.»

Er weiß ganz genau, wie sehr ich die Bretagne liebe und versucht oft beiläufig, mich aufzuziehen... Deshalb gehe ich auch nicht darauf ein. Seufzend fügt er hinzu:

«Ich frage mich ernsthaft, warum ich hierhergekommen bin. Ich hätte mich nach Paris versetzen lassen sollen, das wäre letztendlich weniger schlimm gewesen.»

Bei seiner Versetzung, so weit ab vom Schuss seiner südlichen Heimat, handelte es sich um eine Strafversetzung. Pallas soll bei einem Einsatz in Lyon einen Fehler gemacht haben. Ich könnte ihn ja daran erinnern, aber verächtliche Bemerkungen liegen mir nicht. Ich ziehe es vor, ihn dezent in die Schranken zu weisen. Ich zwinkere Fournot zu, mache Anstalten, den Raum zu verlassen und wende mich den beiden schließlich doch noch zu:

«Du sagst es, ein echtes Sauwetter. Übrigens, wie lief das Spiel Marseille-Lens gestern Abend?»

Mehr noch als die Frage selbst, überrascht ihn mein unbeeindruckt gleichgültiger Tonfall. Er errötet und stottert:

«Ich weiß es nicht. Ich habe die Zeitung noch nicht gelesen.»

Ich hatte auch keine Zeitung gelesen, aber beim Autofahren

habe ich im Radio eine Eilmeldung darüber gehört. Ich schnappe mir die Zeitung vom Schreibtisch und schlage die Sportseiten auf.
«Schauen wir mal... Ah, hier. Marseille-Lens ist verschoben worden. ‚Aufgrund der schlechten Wetterbedingungen in Marseille und starken Regens im *Velodrome*», lese ich aus der Zeitung vor, «wurde das Spiel vom Unparteiischen verschoben. Das Spiel zum zweiunddreißigsten Tag der Meisterschaft muss zu einem späteren Zeitpunkt ausgetragen werden. Das Datum wird in Kürze bekannt gegeben.' Nun, Pallas, ich muss sagen, du bist wirklich unverbesserlich! Lass mich nur noch eins überprüfen... Tja, Guingamp-Lyon, Lorient-Bastia und Rennes-PSG wurden ganz normal ausgetragen.»
«Von wegen! Wenn es in Marseille ein Mal regnet...»
«Ausnahmsweise, ja!», schaltet sich Fournot ironisch ein.
«Verwechsle nicht ein Gewitter, also einen Ausnahmefall, mit...»
«Klar doch!», unterbricht David. «Hast du schon mal ein Gewitter erlebt, das drei Tage dauert?»
Pallas kapituliert. Mit einem letzten Aufbegehren entrüstet er sich leicht betreten:
«Ihr wisst schon, dass es eine Redewendung vom ‚*bretonischen Nieselregen*' gibt!»
«Da hast du allerdings Recht», seufzt der junge *Lieutenant*.
«Natürlich habe ich Recht!»
Pallas fängt an, mir auf die Nerven zu gehen. Wenn man als Team arbeitet, sollte man ein so unangenehmes Arbeitsklima nicht aufkommen lassen. Bisher ist es mir fast immer gelungen, spannungsgeladene Situationen mit Humor zu

entschärfen. Eine schlechte Arbeitsatmosphäre kommt nicht in Frage. Mir wird klar, dass es an der Zeit ist, die Dinge unmissverständlich zu klären, bevor alles aus dem Ruder läuft.

Wichtig dabei ist, dass die Selbstachtung aller Beteiligten gewahrt bleibt, aber gleichzeitig deutlich wird, dass nun Grenzen erreicht sind. Unumwunden stelle ich die Dinge klar:

«Du bist klotzig wie ein Nilpferd, Pallas. Hör einfach auf damit!»

Er will gerade zu einer Antwort ansetzen, bemerkt allerdings an meinem Gesichtsausdruck, dass es an der Zeit ist, sein kleines Spielchen zu beenden. Achselzuckend tut er so, als würde er sich wieder auf seine Arbeit am Computer konzentrieren.

Fournot formt mit den Fingern das Siegeszeichen und ein wissendes Lächeln breitet sich auf seinem Gesicht aus. Ich lasse sie allein und kehre in mein Büro zurück. Vor zwölf Uhr habe ich noch Zeit, den Besitzer der *Danichlo* zu befragen, wenn er von seiner Ausfahrt aufs Meer zurückkommt...

Der Regen ist in Nieselregen übergegangen. Schnellen Schrittes haste ich über den Platz. Die Hände in den Jackentaschen vergraben, den Kopf zwischen den Schultern und mit verdrossenem Gesichtsausdruck... Ich fühle mich wie eine Bulldogge auf der verzweifelten Suche nach einem Knochen. Im Vorbeigehen grüßt mich die Tourismusberaterin des Fremdenverkehrsamtes lächelnd hinter ihrem Fenster. Ich winke zurück. Wir wohnen in der gleichen Straße. Hin und wieder haben wir schon ein paar Worte gewechselt. Laut der gut informierten *Madame* Sellin ist die Frau ledig. Sie fühlt sich offensichtlich zu mir hingezogen. Einmal hätte ich dies ausnutzen können, doch sie ist einfach nicht mein Typ. Außerdem habe ich ja Murielle. Und Murielle ist das Beste, was mir passieren konnte! Sie ist hübsch und sympathisch. Außerdem kocht sie gut und hält das Haus tadellos in Schuss. Ihr ausgeprägter Sinn für Humor tut mir richtig gut und sie ist immer gut gelaunt. Die Gedanken über meine Lebensgefährtin wirken Wunder bei mir: In Hochstimmung erreiche ich die Pontons. Das Fehlen der *Danichlo* ist keine Überraschung für mich. Es hätte mich schon gewundert, wenn es nicht so gewesen wäre. Aber die Anwesenheit des Bootes wäre ohnehin nicht gleichbedeutend mit der Anwesenheit des Besitzers gewesen. Die anderen Boote sind verankert und wirken verlassen. Ein wenig unentschlossen frage ich mich, ob es sich wohl lohnen würde, zur Polizeiwache zurückzugehen oder ob es besser wäre, hier zu warten. Ein Motorenggeräusch erregt meine Aufmerksamkeit. Wenn ich das Verkehrssystem des Hafens richtig verstanden habe, müsste die *Danichlo* vom Ostpier her kommen. Sie hat dort wohl ihren Fang abgeladen und fährt nun direkt auf mich zu. Es dauert nicht lange, bis sie den Ponton erreicht. Der Seemann macht sein Boot fest und geht dann wieder an Bord, um den Motor abzustellen.

Der Fischer ist von durchschnittlicher Größe, kräftiger Statur und trägt einen schlecht gepflegten Bart. Seine zerzausten Haare haben garantiert schon lange keinen Kamm mehr gesehen.

Meine Anwesenheit scheint ihn nicht besonders zu erfreuen. Er brummt vor sich hin und achtet darauf, meinem Blick auszuweichen. Dann hält er einen Daumen hoch. Das

bedeutet wohl, dass es noch eine Minute dauert, bis er an Bord fertig ist. Letztendlich dauert es fünf Minuten, bis er auf den Ponton springt. Einen Weidenkorb in der Hand mustert er mich von oben bis unten. Im Korb erkenne ich zwei prächtige Seezungen. Er scheint sich zu fragen, was dieser Fremde wohl von ihm will. Als ich ihm den Grund für meinen Besuch erkläre, entspannt sich der Seemann und ruft sichtlich erleichtert aus:
«Ach so! Ich habe mich den ganzen Morgen gefragt, wer mir heute früh zugewunken hat. Und weshalb! Wann ist es denn...»
«Montagnacht zwischen vier und fünf Uhr. Wir wissen, dass Sie um diese Zeit in den Hafen zurückkehrten und an diesem Ponton angelegt haben, ohne zum Ostpier hinüberzufahren.»
Es missfällt ihm offenbar, dass mir sein Zeitplan bekannt ist. Stirnrunzelnd gibt er kein Wörtchen mehr von sich und geht in Verteidigungshaltung. Ich hätte den Mund halten und ihn reden lassen sollen. Aber nein, ich Idiot habe ich mich zu einer Machtdemonstration hinreißen lassen: Ich weiß dies, ich weiß das, also weshalb... Maxime Moreau, du hast dich wie ein Grünschnabel benommen! Ich nehme mir vor, meinen Ausrutscher wieder auszubügeln und werde mit einfachen Fragen weitermachen. Das würde dann hoffentlich zu einfachen Antworten führen. In meiner Stimme schwingt der notwendige Druck mit: Er soll schließlich zu der Einsicht kommen, dass ich nicht zum Spaß da bin. Diesem Menschenschlag gegenüber bin ich ziemlich misstrauisch: stur wie ein Maultier und gewieft genug, alles zu verschweigen. Oder die Fragen nicht wahrheitsgemäß zu beantworten, nur um mich so schnell wie möglich wieder

loszuwerden oder mich an der Nase herumzuführen. Aber auch der Seemann scheint die Vertreter meines Berufszweigs nicht besonders zu schätzen. Würde es ihm gelingen, mich zu täuschen, könnte er damit vor seinen Freunden prahlen.
«Um wie viel Uhr sind Sie am Dienstagmorgen nach dem Fang vom Meer zurückgekehrt?»
«Ungefähr um vier, halb fünf.»
«Warum haben Sie Ihren Fang nicht wie sonst am Ostpier angelandet?»
«Weil ich an diesem Tag nichts gefangen hatte!»
Ich tue so, als wäre mir sein arroganter Tonfall nicht aufgefallen.
«Wo haben Sie dann angelegt?»
«Dort drüben, wie immer», beteuert er ausdruckslos und zeigt auf den Steg.
«Ein Zeuge erwähnte allerdings, dass er Sie in Richtung *Cale aux Voleurs* hat fahren sehen.»
Sein Mund verzieht sich zu einem Grinsen. Eines ist sicher, wenn er diesen Zeugen zu fassen bekommen würde, er würde ihm garantiert das Leben schwer machen. Seinem Temperament ist es zutiefst zuwider, so bespitzelt zu werden. Verärgert kratzt er sich am Kopf und liefert eine Erklärung:
«Ich hatte einen Maschinenausfall: die Aufrollvorrichtung an der Deckwinde. Deshalb habe ich auch nichts gefangen. Als ich im Hafen ankam, bin ich zur *Cale aux Voleurs* gefahren, weil ich die Trommelwinde ausbauen musste. Dort kann ich sie nämlich auf den Boden stellen. Und danach habe ich die *Danichlo* an ihrem Platz festgemacht. Die Trommelwinde habe ich in den Kofferraum meines Wagens verfrachtet und bin nach Hause gefahren.»

«Wie spät war es?»
«Halb fünf vielleicht, aber ich habe nicht darauf geachtet.»
Sichtlich genervt von meinen Fragen wird er auch noch ungeduldig. Mir scheint, er wäre durchaus in der Lage, mich einfach stehen zu lassen. Mit ruhiger, aber nachdrücklich beherrschter Stimme fahre ich fort:
«Haben Sie am Hafenkai jemanden gesehen?»
Er denkt einen Moment nach. Ironisch schlägt er vor:
«Fragen Sie doch Ihren Zeugen! Wenn er mich gesehen hat, wird er auch gesehen haben, ob da noch jemand war, oder?»
«Das habe ich schon. Ich möchte Sie bitten, mir Ihre Version zu liefern.»
Er hatte wohl gehofft, mich aus dem Konzept zu bringen, um das Gespräch mit seiner Schlagfertigkeit zu einem Ende zu bringen. Doch daraus wird nichts. Es bräuchte weit mehr, um mich aus der Fassung zu bringen. Es hilft alles nichts, ich werde mehr Druck ausüben müssen:
«Haben Sie in dieser Nacht jemanden in der Nähe der *Cale aux Voleurs* gesehen, ja oder nein?»
Von einem Fuß auf den anderen tretend, starrt mich der Seemann böse an. Die Sache endet mit einem Wettkampf starrender Blicke, den der Seemann nicht für sich entscheiden kann. Schließlich knurrt er:
«Ich habe gar niemanden gesehen. So früh am Morgen ist doch keine müde Maus da!»
Womit wir wieder am Anfang wären. In Gedanken zähle ich die Leute auf, die ich bereits befragt habe. Es ist kaum zu glauben, dass niemand etwas gesehen hat. Mir schwindelt bei dem Gedanken an die stundenlange Suche nach

dem geringsten Hinweis eines Zeugen, und sei er noch so unbedeutend. Es scheint, als würde sich alles im Kreis drehen: Immer wieder die gleichen, wenig hilfreichen Antworten. Das macht mich richtig krank! Plötzlich fühle ich mich unendlich matt, entmutigt und niedergeschmettert.

Gedankenverloren hatte ich mich der *Ville Close* zugewandt. Der Seemann hatte diesen Moment genutzt und die Fliege gemacht. Solange er noch in Hörweite ist, rufe ich ihm zu und erkundige mich:

«Wie ist übrigens Ihr Name?»

Er scheint nicht gewillt zu sein, mir zu antworten.

«Ich brauche ihn für meinen Bericht», stelle ich sicherheitshalber klar.

«Segrais. Claude Segrais.»

Daraufhin dreht er sich um und erreicht schließlich seinen Wagen: einen neuen Peugeot. Nachdem er den Korb mit seinem Anteil des Fischfangs im Kofferraum verstaut hat, verschwindet er im Wagen. Er startet und lässt den Motor laut aufheulen. Ich habe ihm wohl den Tag verdorben.

VIII

Nach dem Essen hätte ich gern ein Nickerchen gemacht. Vor allem nachdem ich in der Küche im Stehen zwei hartgekochte Eier, ein Stück Käse und eine Orange verdrückt hatte. Ich war zwar hungrig gewesen, aber ein paar Bissen hatten ausgereicht. Ich war satt. Der ungelöste Fall aber liegt mir wie Blei im Magen. Ich weiß, dass dieses Gefühl erst verschwinden wird, wenn der Mörder hinter Schloss und Riegel sitzt.

Ein paar Gesprächsfetzen des Wortwechsels mit dem ständigen Mitarbeiter von *Gouelia* kommen mir wieder in den Sinn: «Der Hafen lebt rund um die Uhr: Am Kai kommen eine ganze Reihe von Leuten vorbei. Sogar nachts!» Allerdings ist die *Cale aux Voleurs* nachts bestimmt nicht der am meisten frequentierte Ort im Hafen. Das Risiko, dass der Mörder von einem Zeugen überrascht würde, wäre trotzdem groß gewesen. Daraufhin fallen mir nur zwei Möglichkeiten ein: Entweder hatte der Mörder in einer Zwangslage gehandelt…, oder aber er war nicht im Vollbesitz seiner geistigen Mittel und konnte die Tragweite seiner Tat nicht absehen. Der Täter könnte ein psychisch gestörter Mensch gewesen sein oder unter Alkohol- oder Drogeneinfluss gestanden haben. Marc Pagel kannte niemanden in Concarneau. Wer hätte ihn also ins Jenseits befördern sollen? Ich kann die Sache drehen und wenden wie ich will, eine logische Erklärung kommt dabei nicht heraus. Man könnte ebenso davon ausgehen, dass ein Wahnsinniger die Tat begangen hat.

Nach dem letzten Schluck Kaffee begebe ich mich zurück aufs Polizeirevier. Mir fällt ein, dass dort heute Moysan Dienst hat. Der Polizeibeamte ist seit über zwanzig Jahren im Dienst. Außerdem ist er in Concarneau geboren. Vielleicht kann er mir eine Liste aufstellen: Alle, die irgendwann auffällig geworden sind und frei herumlaufen. Aus diesem Gespräch könnte sich womöglich eine ernsthafte Spur ergeben.

Es ist noch nicht ganz dreizehn Uhr und die meisten Büros sind noch leer. Die Tür des *Lieutenant*-Büros ist ausnahmsweise geschlossen. Allerdings höre ich von Zeit zu Zeit Pallas' Stimme, unterbrochen von Fournot und den protestierenden Rufen eines Dritten. Letzteren kann ich nicht identifizieren. Mir scheint, Pallas amüsiert sich wieder mal köstlich dabei, seinen Zeitgenossen das Leben schwer zu machen. Um nichts in der Welt würde ich in der Haut des Typen stecken wollen, den sie gerade in der Mangel haben.

Bei dem Gespräch mit Moysan über psychisch gestörte Mitbürger hat sich nichts ergeben. Der Beamte konnte ein halbes Dutzend Namen nennen, die sich allerdings nach Überprüfung alle als irrelevant erwiesen: Drei hatten eine exzessive Neigung, den Nachbarn ihre Genitalien zu zeigen oder liefen immer wieder nackt am Strand herum. Einer steckte regelmäßig Müllcontainer und Gestrüpp in Brand, um anschließend der Feuerwehr bei der Arbeit zuzusehen. Als „geistig Zurückgebliebener", wie er beschrieben wurde, hatte er sogar schon seine eigene Matratze in Brand gesetzt. Seine Mutter hatte damals die Rettungskräfte alarmiert, während ihr Sohn in aller Seelenruhe fernsah. Die anderen beiden sind gewalttätig und befinden sich derzeit in einer Nervenheilanstalt. Ein Anruf dort versicherte mir, dass sie zur Tatzeit auch dort gewesen waren.

Hinter der Tür haben sich die Emotionen inzwischen gelegt. Daraus schließe ich, dass es Fournot und insbesondere Pallas gelungen sein muss, ihren Klienten zur Vernunft zu bringen. Das Telefon klingelt und der diensthabende Beamte stellt *Docteur* Valmont durch.

«Nur zwei Kleinigkeiten, *Capitaine* Moreau», meldet sich der Gerichtsmediziner. «Ich habe die von Ihnen angeforderte Blutprobe mit dem Blut auf den Abstrichtupfern verglichen. Zweitens fand ich heraus, dass Ihr Mann zwei Hiebe mit einem Handhaken erhalten hat, und zwar von oben nach unten geführt. Leider kann ich nicht mit Sicherheit sagen, welche Wunde die erste war, die an der Wade oder die am Rücken. Aber es spricht viel dafür, dass das Opfer zuerst an der Wade verletzt wurde, um es so an der Flucht zu hindern.»

«Das leuchtet mir ein.»

«Der zweite Hieb ging in den Rücken. Die Tatsache, dass der Aufprall auf der rechten Seite war, deutet darauf hin, dass keine Tötungsabsicht vorlag, sondern eher eine Verletzungsabsicht. Dies alles natürlich nur unter der Voraussetzung, dass sich das Opfer im letzten Moment nicht bewegt hat.»

«Was heißt das im Klartext?»

«Das heißt: Wir haben lediglich die Tatwaffe, aber nicht mehr. Jetzt sind Sie wieder dran, Moreau.»

Witzig, dieser Valmont! Aber er hat seinen Job gemacht. Nun liegt der Ball wieder in meinem Feld. Kaum habe ich den Hörer aufgelegt, klingelt das Telefon erneut.

Diesmal meldet sich der diensthabende Beamte aus Versailles:

«*Re-Bonjour, Capitaine. Lieutenant* Schmitt hier.» Natürlich habe ich ihn längst an seiner Sprechweise erkannt!

«Ja, vielen Dank, ich weiß, wer Sie sind. Gibt es etwas Neues?»

«Bei den Ermittlungen selbst, nein... Allerdings bin ich von einem Teil des Falles entbunden, da der Diebstahl in Ihrer Region begangen wurde. Ich schicke Ihnen die Phantombilder der Männer, die die verschiedenen Gegenstände in den Trödelladen gebracht haben. Leider ist mir die Identität der Männer nicht bekannt.»

Ein leises Klopfen an der Tür lässt mich aufhorchen. Ich decke den Hörer mit der Hand ab und bitte herein. Pierre-Édouard de Vitreux tritt zwar ein, zieht sich aber aus Sorge um die Vertraulichkeit meines Telefongesprächs sofort wieder zurück. Durch ein Zeichen gebe ich ihm zu verstehen, dass er die Tür offenlassen kann, während er draußen wartet, und setze mein Gespräch mit dem Elsässer fort.

«Hat der Hehler das Fahrzeug der Typen gesehen?»

«Er hat sich nicht ganz klar ausgedrückt. Er denkt, dass es ein *Renault Laguna* war. Da es Nacht war, weiß er nicht, welche Farbe der Wagen hatte. Das Gleiche gilt für das Nummernschild.»

«Schade. Wenn Sie noch etwas Interessantes erfahren, lassen Sie es mich bitte wissen.»

«Das werde ich, *Capitaine*. Und wie wollen wir mit der Rückgabe der Gegenstände verfahren, die bei dem Hehler beschlagnahmt wurden?»

«Das weiß ich noch nicht», muss ich zugeben. «Ich werde mich mit den Eigentümern in Verbindung setzen. Es besteht keine Eile dazu, die Gegenstände sind ja in Sicherheit.»

«Natürlich, *Capitaine*. Ich schicke Ihnen die Phantombilder und erwarte Ihre Anweisungen.»

«*Merci.*»

Pierre-Édouard steht vor mir, die Augen auf die hinter mir an die Wand gepinnte Karte des *Finistère* gerichtet. Ich biete dem Baron einen Stuhl an. Mir fällt auf, dass er sich wieder fein herausgeputzt hat und seine Freizeitkleidung gegen eine Leinenhose und ein Lacoste-Hemd mit einer Alpaka-Jacke darüber eingetauscht hat. Ein eleganter Hermes-Schal ergänzt das Bild. Es war von Anfang an absehbar, dass es in Concarneau Anlass zum Gerede über ihn geben würde. Wahrscheinlich wird sich bald jeder nach ihm umdrehen.

«Ich habe beschlossen, mich nicht mehr zu verstecken», verkündet er. «Mit dem Tod von Marc möchte ich unter das Dasein von *Vieux Pierrot* einen Schlussstrich ziehen. Und falls meine Schwiegereltern mich finden sollten, ist mir auch das egal. Es ist ohnehin schon so lange her! Sie hätten mich gefunden, wenn sie wirklich nach mir gesucht hätten, da bin ich mir sicher. Die Verjährungsfrist ist nach all dieser Zeit auch eingetreten. Ich bin hergekommen, weil ich wissen möchte, ob Sie bei Ihren Ermittlungen weitergekommen sind.»

«Es gibt leider nur einen ganz geringen Fortschritt.»

Im Grunde genommen weiß ich bis jetzt nämlich nur eins: Pagel wurde vor seinem Tod zweimal von einem Werkzeug verletzt, das gewöhnlich von den Hafenarbeitern verwendet wird. Das lenkt meine Nachforschungen zwar auf das maritime Umfeld, aber im Moment trete ich leider auf der Stelle.

De Vitreux de Barnac steckt seine Hand in die Innentasche seines Jacketts und zieht ein großes Bündel Hundert-Euro-Scheine heraus. Er legt es auf den Schreibtisch. Grob geschätzt dürften es etwa fünfzig Scheine sein. Verblüfft starre ich das Geld an.

«Ich weiß, wie hart Sie arbeiten. Ich denke: Jeder Mühe ihr gerechter Lohn! Hier sind fünftausend Euro. Wenn Sie Marcs Mörder zur Strecke bringen, erhalten Sie die gleiche Summe noch einmal.»

Etwas Derartiges hatte ich nicht erwartet! Nach einer Schockpause antworte ich langsam:

«Sie irren sich, *Monsieur* de Vitreux. Ich bin weder bestechlich noch können Sie mit Geld meine Ermittlungen beschleunigen.»

«Ich zweifle keineswegs an Ihrer Integrität. Betrachten Sie es als Belohnung für...»

«Bleiben Sie mir vom Hals mit Ihrem illegalen Angebot», hallen meine Worte, und ich schiebe das Bündel brüsk zurück. «Für meine Arbeit bezahlt mich der Staat.»

«Bitte, nehmen Sie's.» Er beharrt darauf. «Es ist mir wichtig!»

«Nein, das geht entschieden zu weit! Packen Sie Ihr Geld ein, bevor ich dazu gezwungen bin, Sie wegen Bestechung anzuzeigen.»

Er starrt mich an und fragt sich scheinbar, ob ich das wirklich tun würde. Die Antwort auf diese Frage stand mir aber wohl so deutlich ins Gesicht geschrieben, dass er das Bündel wieder an sich nimmt. Dann murmelt er leise:

«*Pardon*. Es tut mir sehr leid. Aber ich danke Ihnen für alles, was Sie für die Aufklärung des Falles tun.»
Eine peinliche Stille legt sich über den Raum. Zu meiner Erleichterung geht die Tür auf und ein Polizeibeamter bringt einen ganzen Stoß Akten herein. Der Baron ist sich seines Fehlers wohl bewusst geworden und weicht meinem Blick aus. In meinem Innersten weiß ich, dass er es gut meinte. Also nehme ich ihm die Sache nicht übel.
«Sind Sie noch im *Hôtel de l'Océan*?»
«Ja.»
«Ich melde mich, wenn ich mehr weiß. Wann ist die Trauerfeier?»
«Morgen Vormittag um zehn Uhr dreißig. In der Kirche.»
«Ich werde versuchen, dabei zu sein.»
Der Baron begreift, dass das Gespräch zu Ende ist. Wortlos steht er auf und verlässt den Raum. Ich höre seine Schritte im Flur. Auf der Treppe werden sie leiser. Einen Augenblick lang bin ich kurz davor, ihm hinterherzulaufen. Es drängt mich, ihm zu sagen, dass ich ihm verzeihe, dass ich seine Absicht verstehe, auch wenn sie gegen das Gesetz verstößt.
Ich zünde mir eine Zigarette an und nehme ein paar Züge. Während ich rauche, schnappe ich nach Luft. Dabei wird mir bewusst, wie sehr das Rauchen meine Atemwege schädigt. Dann greife ich nach den Akten, die der Beamte mitgebracht hat. Es ist der Bericht von *Lieutenant* Schmitt. Ich werde mir einen Kaffee holen, bevor ich ihn lese. Nur der mit dem Fall Derbain zusammenhängende Teil des Berichts interessiert mich wirklich. Der Rest erscheint mir irrelevant zu sein. Meine Augenlider werden schwerer. Als ich mit der Lektüre endlich fertig bin, bin ich erleichtert. Ich

CHILE-CONCARNEAU

unterdrücke ein Gähnen und will die Akte gerade zuklappen, als mein Blick auf die Phantombilder fällt. Und da reißt es mich regelrecht vom Stuhl. Einer der beiden vom Antiquitätenhändler beschriebenen Männer ist Richard Berthou, der Mann, der bei dem Unfall in Nantes ums Leben kam! Der Phantombild-Zeichner hat mit seinem Computer großes Talent bewiesen: Es ist so gut gelungen, als hätte ich ein Foto des Ganoven in der Hand. Ich wende ich mich dem zweiten Phantombild zu. Auf dem Bild handelt es sich in der Tat um Lamingue. In den Vierzigern, spärliches Haar, abgemagertes Gesicht, grobe Züge ohne jegliche Harmonie und in den Augen aufblitzende Eitelkeit. Die Art von Mann, den keine vernünftige Frau in ihrem Bett haben möchte.

Es ist nun vorrangig, Lamingue zu finden. Somit rückt der Fall Pagel vorübergehend in den Hintergrund. Damit aber diese Untersuchung nicht ganz ins Hintertreffen gerät, besinne ich mich eines Besseren und nehme mir vor, die Hilfe der Feuerwehrtaucher anzufordern. Sie sollen den Hafen nach dem Haken absuchen. Wer weiß, vielleicht hat der Mörder ihn nach der Tat weggeworfen. Ich schicke meine Anfrage an die Rettungsleitstelle und benachrichtige gleichzeitig den Staatsanwalt darüber. Dann erkundige ich mich nach den Missetaten von Berthou, Lamingue und Guder. Als ich gerade dabei bin, mir die Adressen der ersten beiden aufzuschreiben, klingelt das Telefon. Der Anruf kommt vom Ermittlungsrichter aus Nantes. Er bittet mich, die Wohnung von Berthou zu durchsuchen.

«Ich bräuchte ein Rechtshilfeersuchen, damit ich Berthous Wohnung öffnen und durchsuchen lassen kann.»

«Das kriegen Sie. Ich werde es sofort absenden. Wie weit sind Sie denn in dieser Angelegenheit?»
«Ob wir Lamingue verhaften können, wird davon abhängen, wie lange wir brauchen, bis wir ihn finden. Unmöglich, eine Frist zu setzen.»
«Natürlich. Ich verlasse mich auf Sie, Moreau.»
Herrlich, dieses blinde Vertrauen. Ich höre, wie die Tür zum Büro der *Lieutenants* aufgeht, nutze die Gelegenheit und gehe hinüber.
Pallas ist gerade herausgekommen und steigt mit einem Mann die Treppe hinunter, dem die Handschellen angelegt sind.
«Wie läuft's so?»
«Wunderbar!», antwortet David, der allein im Büro zurückgeblieben ist. «Der Verdächtige hat den Einbruchsdiebstahl im Tabakwarenladen gestanden. Luc sperrt ihn gerade ein.»
«Das trifft sich gut, ich bräuchte deine Hilfe.»
«Schieß los, ich höre.»
«Ich möchte, dass du einen gewissen Olivier Lamingue überwachst. Pallas wird eine andere Person überwachen. Hier, das ist der Mann.»
«Sieht nett aus!», kommentiert er und betrachtet das Phantombild.
«Vorsicht! Er weiß, dass er gesucht wird und könnte gefährlich sein. Du verhaftest ihn auf keinen Fall. Du verfolgst ihn einfach und schaust, wo er sich aufhält. Ich schicke so schnell wie möglich jemand zur Ablösung. Kennst du einen Schlüsseldienst?»
«Ja, und zwar einen guten! Hast du deine Schlüssel verloren?»

CHILE-CONCARNEAU

«Nein, ich habe einen Durchsuchungsbefehl. Wie heißt der Laden denn?»
«Philippe Salou. Warte, ich habe seine Nummer hier irgendwo… Ah, hier ist sie.»
Vom Büro der *Lieutenants* aus erreiche ich den Handwerker und wir vereinbaren einen Termin.

Als ich auflege, setzt sich Luc Pallas vergnügt pfeifend zurück auf seinen Platz. Das Geständnis des Einbrechers hat ihn in gute Stimmung versetzt, etwas äußerst Seltenes bei ihm.

«Laurent Guder, klingelt's da bei Ihnen?»
Er sieht mich an, nickt und antwortet in ungewöhnlich munterem Tonfall:
«Sollte es?»
«Ich weiß es nicht. Er ist wahrscheinlich gestern nach Nantes gefahren, um Olivier Lamingue abzuholen. Lamingue hat den Verkehrsunfall verursacht, bei dem Richard Berthou ums Leben kam. Die Telefonüberwachung ergibt, dass Lamingue Guder mit seinem Handy kontaktiert hat. Keine Ahnung, in welcher Verbindung die beiden stehen, aber Guder könnte tatsächlich nach Nantes gefahren sein. Zu diesem Zeitpunkt weiß Lamingue nämlich nicht, dass wir ihn identifiziert haben, aber er ist sicher trotzdem vorsichtig. Guder hingegen hat mit diesem Fall nichts zu tun und wird sich daher auch normal verhalten. Außerdem ist es schon lange her, dass er in eine zwielichtige Sache verwickelt war. Es würde mir helfen, wenn du ihn überwachen könntest.»
«Das lässt sich machen.»
«Ich kontaktiere dich per Funk in etwa zwei Stunden.»

*
* *

Im Vorstadtviertel *Kerandon* wartet der Schlosser auf dem Marktplatz auf mich. Er sitzt am Steuer seines Lieferwagens. Mit seinem Werkzeugkasten folgt er mir zum Gebäude *Les Noisetiers*.

Beim zweiten Hauseingang weist die Briefkastenaufschrift darauf hin, dass Berthou in der dritten Etage wohnt.

Das Erdgeschoss ist mit Geschäften belegt. Im ersten Stock klopfe ich einfach an eine der beiden Türen. Keine Reaktion. Ich klopfe an der anderen Tür. Eine junge Frau mit einem Baby auf dem Arm öffnet. Sie sieht verwahrlost aus und ist schlecht gekleidet. Sie könnte hübsch sein, wenn sie sich ein wenig zurechtmachen würde.

«Bonjour, *Madame*... Ich bin Polizeibeamter und *Monsieur* Salou ist Schlosser. Kennen Sie Richard Berthou?»

«Ja, er wohnt in der dritten Etage.»

Als sie die Tür schnell wieder schließen will, drücke ich dagegen.

«Warten Sie bitte einen Moment. *Monsieur* Berthou ist gestern bei einem Verkehrsunfall ums Leben gekommen. Aus Untersuchungsgründen müsste ich kurz in seine Wohnung.»

Da sie nicht versteht, worauf ich hinauswill, liefere ich eine bessere Erklärung:

«Ich bin gesetzlich dazu verpflichtet, die Räumlichkeiten in Anwesenheit zweier Zeugen zu durchsuchen. Würden Sie mich begleiten?»

«Dauert das lange?»

«Nein, ich denke nicht. Sie meinen wegen des Babys?»

«Ja. In einer halben Stunde bekommt er seine Flasche und...»

CHILE-CONCARNEAU

«Bis dahin sind wir fertig. Kommen Sie mit?» Sie ist einverstanden, schnappt sich ihre Wohnungsschlüssel und folgt uns bis in den dritten Stock. Schnell entriegelt Salou das Schloss und stößt mit einer theatralischen Geste die Tür auf. Er kennt die rechtlichen Schritte und tritt in die Wohnung, gefolgt von Sabine Joncour. Schließlich betrete auch ich die Wohnung. Den Namen der jungen Mutter habe ich in mein Notizbuch geschrieben, während der Handwerker mit dem Öffnen der Tür beschäftigt war.

Der Schlupfwinkel eines Junggesellen! Nachdem seine Frau mit den drei Kindern die gemeinsame Wohnung verlassen hat, stehen wir vor Berthous Zufluchtsort: in der Spüle angesammeltes Geschirr, unter einer konsequenten Staubschicht erstickende Möbel, ungemachtes Bett... Die Wohnung hat drei Schlafzimmer, zwei davon liegen im Dunkeln: In den nur mit Spielzeug angefüllten Kinderzimmern sind die Fensterläden geschlossen.

Bei einer Durchsuchung versuche ich, das Lebensumfeld meines Klienten, seine Persönlichkeit und seine Gewohnheiten zu verstehen. Es ist meist spannend, wie viel Nippes, Schmuckstücke und Erinnerungsstücke über Personen aussagen können... Auf diese Weise bringe ich in Erfahrung, dass Berthou zur Fangemeinde des lokalen Fußballvereins USC gehört. In einem Lederetui bewahrt er alle Zeitungsausschnitte über den Club auf, und das seit mehr als fünfundzwanzig Jahren. In einem Fotoalbum finde ich ein Foto, das ihn in Fallschirmspringer-Uniform zeigt mit einem Ehrendiplom für zehn Jahre gute und treue Dienste für sein Land im In- und Ausland. An einer Wand des Esszimmers sind in einem roten Samtrahmen Anstecknadeln verschiedener Fallschirmjägerregimenter. Daneben hängen zwei gekreuzte Degen. In der Anrichte finde ich eine 357-er Magnum und einen Haufen Patronen. An den Wänden des Wohnzimmers stehen perfekt aneinandergereiht leere Bierdosen und Bierflaschen aus allen Kontinenten. Fußball, Militär, Bier! Was für ein interessantes Trio.

Kontoauszüge weisen auf seine katastrophale finanzielle Situation hin. Am fünften oder sechsten des Monats erscheint in der Haben-Spalte sein Gehalt als Teilzeit-Wartungsarbeiter in einem großen städtischen Unternehmen. Was mich ein wenig überrascht, ist die Tatsache, dass die Spalte für die Ausgaben nur Überweisungen für Miete, Wasser und Strom aufweist. Von Kartenabhebungen oder Scheckzahlungen keine Spur. Er muss seine Einkäufe offensichtlich bar bezahlt haben. Bleibt nur noch, eins und eins zusammenzuzählen: Man braucht kein Genie zu sein, um zu dem Schluss zu kommen, dass dieses Geld aus schmutzigen Geschäften stammen dürfte.

Plötzlich fängt das Baby an zu weinen, es hat wohl Hunger. Seine Mutter spricht leise zu ihrem Kind und versucht, es zu beruhigen. Dann hält sie ihm ihren kleinen Finger zum Nuckeln hin. Doch der Säugling lässt sich nicht beirren und gerät bald außer sich: Die Natur hat das Sagen. Da die Lautstärke seines Geheuls zunimmt, beende ich meinen Erkundungsgang. Wir verlassen die Wohnung. Die junge Frau huscht sofort die Treppe hinunter: Sie muss die Milch für ihren Sprössling aufwärmen. Der Schlosser tauscht noch den Schließzylinder aus und dann gehen auch wir wieder hinunter.

Auf dem Weg zurück zum Auto finde ich auf dem Handy eine Nachricht von Murielle: Ob ich nicht Lust hätte, heute Abend auswärts zu essen. Sie würde gern den „Jahrestag"

CHILE-CONCARNEAU

unseres Kennenlernens ganz romantisch in einem Restaurant feiern. Genaugenommen ist es erst ein paar Monate her. Aber das sind Termine, die vor allem Frauen wichtig sind. Ich versuche, sie zurückzurufen. Doch sie geht nicht dran, was damit zusammenhängt, dass sie gerade ihrem Beruf im Krankenhaus nachgeht. Ich hinterlasse ihr eine Nachricht und mache den Vorschlag, uns in einem der bekanntesten Restaurants der Stadt eine Meeresfrüchteplatte zu gönnen. Anschließend melde ich mich bei Pallas, der mir prompt mitteilt, er habe den Aufenthaltsort Guders ausfindig machen können. Die richtigen Informationen hätten nicht allzu lange auf sich warten lassen, obwohl Moysan, das lebende Gedächtnis der Polizeiwache, gerade abwesend sei. Es hatte meinem Teamkollegen ausgereicht, in der Hafenbar bei Anne etwas die Ohren aufzusperren. Die meisten Gäste der Bar kommen aus Concarneau, da gibt es immer mindestens einen, der eine gesuchte Person kennt. Er gibt mir die Adresse: *Ximenias*-Gebäude im Stadtteil *Kerandon*.

Obwohl Luc Pallas mich garantiert von seinem Auto aus hat kommen sehen, lässt er sich nichts anmerken und tut so, als studiere er Dokumente. Er erinnert mich an einen Handelsvertreter. Ich nehme mir eine Zigarette und nähere mich dem Auto des *Lieutenants*. Ich klopfe ans Fenster und frage:

«Wo ist es?»

Pallas reicht mir, während er antwortet, sein Feuerzeug und brummt:

«Zweiter Eingang, vierte Etage links.»

«Ist jemand da?»

«Ja. Vorhin hat eine Frau einen Teppich ausgeschüttelt. Ob er allerdings auch da ist, kann ich leider nicht sagen.»

«Gut. Dann gehen wir der Sache mal nach.»
Während wir hochgehen, gebe ich die wenigen uns vorliegenden Informationen an meinen Kollegen weiter:
«Er fühlt sich völlig im Recht und ist der Meinung, dass er sich nichts vorzuwerfen hat. Seit seinem letzten Eintrag ins Strafregister sind schon einige Jahre vergangen. Das Einzige, was wir aktuell wissen, ist, dass er einen Anruf von Lamingue aus Nantes erhalten hat.»
«Folglich wird er nicht erwarten, dass wir nach ihm suchen.»
Durch das Fenster dürfte er zumindest nicht entkommen können.
Einen sechsstufigen und acht achtstufige Treppenabschnitte später klingeln wir an der Wohnungstür. Schleppenden Schrittes nähert sich jemand der Tür und eine finster dreinblickende, dickleibige Matrone öffnet die Tür. Die Dame ist wohl seine bessere Hälfte. Sie schließt kurz die Augen, hebt dann den Kopf und blickt uns fragend an.
«Polizei... Wir möchten Ihren Mann sprechen, *Madame* Guder.»
Ihr Doppelkinn zuckt ein wenig.
«Was hat er angestellt?», fragt die Frau und kaut an einem großen Gebäckstück herum.
«Nichts, nichts», beruhige ich sie. «Wir müssen ihm nur ein paar Fragen über einen seiner Freunde stellen.»
«Is' nich' hier. Aber kommen Se' rein!», zischt sie, und das klingt mehr wie ein Befehl als eine Einladung.
Plötzlich ertönt im Treppenhaus ein eigenartiges Geräusch. Es hört sich an wie der Blasebalg einer alten handwerklichen Schmiede.
«Das isser», meint die Frau. «Is' Ass'matiker.»

CHILE-CONCARNEAU

Am Fuß des letzten Treppenabschnitts taucht ein hagerer Kerl auf, dessen Mund ein kleiner Schnurrbart säumt. Mit offenem Mund laut Luft holend, zeigt sein kreidebleiches Gesicht Verwunderung. Im Moment bringt er jedoch kein Wort über seine Lippen: Er ist völlig außer Atem.

Freundlich lächelnd gehe ich ihm entgegen und biete ihm meinen Arm an. Auf diese Weise gelangen wir ins Esszimmer. Er lässt sich auf einen Stuhl fallen und bittet mit einer Handbewegung um ein Glas Wasser, das seine imposante Frau eilig aus der Küche holt.

Ich nähere mich dem Esszimmer-Fenster. Die Aussicht von der Wohnung aus ist grandios. Am Fenster steht ein auf einem Stativ befestigtes Fernrohr. Sicher beobachten Laurent Guder oder seine Frau von hier aus stundenlang die Stadt, den Hafen, die Boote, die Bucht und in der Ferne die Glénan-Inseln.

Endlich hat sich Guders Atem beruhigt. Er fragt sich bestimmt, wer wir sind und was wir von ihm wollen. Langsam drehe ich mich um, mustere ihn und sage ruhig:

«Polizei, *Monsieur* Guder. Sie haben gestern Morgen gegen Viertel vor zehn einen Anruf erhalten. Von wem wurden sie angerufen?»

Die Antwort ist mir selbstredend bekannt, aber es geht mir darum, seine Ehrlichkeit auf die Probe zu stellen. Mit tiefer, hohl klingender Stimme sagt er geradeheraus und ohne dass sich seine Gesichtsfarbe verändern würde:

«Von einem Freund. Olivier Lamingue.»

«Was wollte er von Ihnen?»

«Na ja, er war stinksauer. Er war in Nantes, sein Auto hatte eine Panne. Er wollte, dass ich ihn abhole.»

«Und?»
«Wir sind hingefahren. *Maman* kam mit. Stimmt's, *Maman*?»
Seine Frau alias *Maman* nickt. An ihrem Gesichtsausdruck erkenne ich, dass ihr meine Anwesenheit schwer gegen den Strich geht. Doch sie spürt, dass meine Aufmerksamkeit ausschließlich Lamingue gilt: Ihr Liebling hat von dieser Befragung nichts zu befürchten.
«Woher kennen Sie ihn?»
«Wir haben zusammen bei Péron gearbeitet. Das ist eine Schreinerei in Lanriec. Olivier kam als Lehrling zu uns. Aber das ist schon eine halbe Ewigkeit her. Ich wurde mit der Aufgabe betraut, ihn einzulernen. Er hing sehr an mir, und als ich krank wurde, besuchte er mich. Er ist mir ein guter Freund geworden. Also sind wir nach Nantes gefahren, um ihn dort abzuholen. Diesen Gefallen konnte ich ihm nicht abschlagen! Wenn wir ihn brauchen, ist er immer für uns da und geht uns zur Hand.»
«Ich verstehe. Wo haben Sie ihn denn auf dem Rückweg von Nantes abgesetzt?»
Seine Schilderung hatte ihn ein wenig außer Atem gebracht.
Der Mann hält einen Moment inne und erholt sich etwas, bevor er uns mitteilt:
«In der Stadtmitte. Ich fand das seltsam, aber er sagte, er hätte dort noch einen Termin. Ich bot ihm an, auf ihn zu warten und ihn nach Hause zu bringen, aber er lehnte ab.»
«Würden Sie uns bitte zur Polizeiwache begleiten, damit wir Ihre Aussage aufnehmen können?»
«Ja, wenn Sie meinen... Was hat er denn überhaupt angestellt?»

«Nichts Schlimmes. Wir würden einfach gerne mit ihm sprechen. *Madame* Guder, falls Olivier Lamingue in der Zwischenzeit anruft, verlasse ich mich darauf, dass Sie ihm gegenüber kein Wort über unseren Besuch verlieren.»

*
* *

Laurent Guder ist zu Luc Pallas ins Auto gestiegen und fährt mit ihm aufs Revier. Es ist mir lieber, den Verwaltungskram unserer Befragung an den Südfranzosen zu delegieren, damit ich inzwischen meine Ermittlungen fortsetzen kann.

Ich setze mich mit Fournot in Verbindung, der in der Nähe von Lamingues Haus eine Observation durchführt. Der junge *Lieutenant* versichert mir, dass niemand aufgetaucht sei, seit er dort Dienst tue. Ich teile ihm mit, dass ich ihn ablösen werde. Glücklicherweise finde ich in der *Rue Dumont d'Urville* einen Parkplatz und treffe David in einer Bar.

Mit einem Glas Bier auf dem Tisch ist Fournot in eine auf Pferderennen spezialisierte Zeitung vertieft. Gelegentlich kritzelt er eine Zahl auf ein Stück Papier und streicht eine andere durch.

Sein Platz ist klug gewählt: Freier Blick auf den Eingang zu Lamingues Haus, dessen Wohnung sich über einem Geschäft befindet.

Bevor ich mich ihm gegenüber auf einen Stuhl setze, reiche ich ihm die Hand und entschuldige mich für meine Verspätung. Während ich die Arme ausbreite, schaue ich vielsagenden Blickes auf die Uhr. Für den Fall, dass

Lamingue zu Hause ist und uns beobachtet, soll zumindest der Eindruck einer Verspätung entstehen.
Ich bestelle mir einen Kaffee. Jean-Charles, der Barbesitzer, ist ein sympathischer Kerl, dessen Augen hinter einer dünnrandigen Brille ständig über den Tresen und den Raum gleiten. Schließlich sollen die Wünsche seiner Kunden so schnell wie möglich erfüllt werden.
«Keiner ging rein, keiner kam raus. Ich bin seit über einer Stunde hier und meine Beine fangen schon an zu kribbeln.»
«Wenn man so viel observiert hat wie ich, manchmal tage- und nächtelang, ist eine Stunde nicht unbedingt sehr lang. Außerdem hast du hier doch einen angenehmen Arbeitsplatz! Du kannst trinken, essen, reden, rauchen… Glaub mir, im Laufe deiner Karriere wirst du unsere Klienten oft an Orten beschatten müssen, die weit weniger komfortabel sind als dieser hier.»
«Daran habe ich keinen Zweifel. Aber du musst zugeben, ein gemütlicher Observierungsort hat auch seine Tücken! Mann läuft Gefahr, sich ein Bier nach dem anderen reinzuziehen, um die Zeit totzuschlagen. Und dann hat man schnell einen in der Krone!»
«Alkoholfreie Getränke zu bestellen ist übrigens nicht besonders schwierig. Aber lassen wir das. Zurück zur Arbeit: Wer gehört denn eigentlich zur Familie Lamingue?»
«Ich konnte einiges über sie herausfinden: Ihn kennst du ja bereits. Seine Frau ist durchschnittlich groß und hat langes braunes Haar. Sie haben zwei Töchter, zehn und zwölf Jahre alt. Tagsüber hat ihn keiner außer Haus gesehen, was bedeuten könnte, dass er daheim ist.»
«Trink aus, David. Wir werden ihm einen Besuch abstatten.»

CHILE-CONCARNEAU

*
* *

Lamingue ist leider nicht in seiner Wohnung. Die ältere Tochter öffnet die Tür. Höflich erklärt sie uns, dass ihr Vater nicht in der Stadt sei. Die Zeitarbeitsfirma, für die er arbeitet, habe ihn angerufen. Dies ist offensichtlich ein Vorwand, den ihr Vater den beiden Töchtern aufgetischt hat, um seine zwielichtigen Tätigkeiten zu verbergen. Die Mutter kümmert sich seit einigen Jahren um eine ältere Dame, bei der sie fest angestellt ist. Gewöhnlich kommt sie gegen neunzehn Uhr nach Hause. Wir bedanken uns für die Auskunft und schlagen vor, in ein paar Tagen wiederzukommen. Wir hatten uns als Versicherungsvertreter ausgegeben.
David und ich gehen durch die *Rue Dumont d'Urville* in Richtung Markthalle. Durch einen Anruf bei der Telefonüberwachung erfahre ich, dass den ganzen Tag über weder Anrufe beim Telefonanschluss Lamingue eingegangen sind noch von dort aus getätigt wurden. Diese Sache geht mir langsam an die Nerven. Wie eine Spinne habe ich mein Netz ausgelegt, um unseren „Freund" Lamingue so schnell wie möglich zu fassen zu kriegen. Zunächst einmal bitte ich meinen jungen Kollegen, nach *Kerandon* zu fahren: Denise und Laurent Guder müssen weiter observiert werden. Er ist ideal dafür geeignet, da ihnen sein Gesicht nicht bekannt ist. Lamingue ist bestimmt auf der Flucht und ich vermute, dass es ihm an vertrauenswürdigen Kontakten fehlt. Ich beschließe trotzdem, seine Wohnung zu überwachen. Nun kann es keine Kontaktmöglichkeiten zwischen den Ehepartnern ohne mein Wissen mehr geben: Ich

bewache ihn vor Ort mit Luchsaugen und seine Telefonüberwachung läuft.

Ich schlendere ein Stück Richtung *Place du Général de Gaulle,* gehe um einen Häuserblock herum, überquere den Rathausparkplatz und erreiche die *Rue Laënnec.* Mich an den Hauswänden entlang bewegend kehre ich in die *Bar-Tabac* zurück, über eine Nebentür, die zu dieser Straße führt. Um meine Wartezeit angenehm zu überbrücken, bestelle ich erneut einen Kaffee und fülle einen Lottoschein aus.

IX

Wie ich David Fournot schon sagte, kenne ich mich mit Observationen aus. Ich musste schon aberdutzende Male Posten stehen. Entsetzt bin ich jedoch darüber, dass der Mörder von Marc Pagel noch auf freiem Fuß ist, während ich Klimmzüge mache, um den Verursacher eines Verkehrsunfalls ausfindig zu machen. Zur Überbrückung der Wartezeit telefoniere ich inzwischen mit einem Feuerwehrhauptmann. Er erzählt mir von den bisherigen Bemühungen der Taucher und kündigt die Fortsetzung der Tauchgänge für morgen früh um acht Uhr an. Die Sicht auf dem Meeresgrund in diesem Bereich ist wegen des Schlamms so gut wie Null. Alles, was sie bisher gefunden hatten, waren Einkaufswägen, Fahrräder, wahrscheinlich gestohlene Mopeds und eine Autotür. Ich bedanke mich beim Feuerwehr-*Lieutenant*, lege auf und bemühe mich, mir meine Ungeduld nicht anmerken zu lassen.

Von Zeit zu Zeit wirft Jean-Charles mir einen fragenden Blick zu. Um keinen Verdacht zu erregen, bestelle ich schließlich ein Bier. Außerdem will ich keine Kaffee-Überdosis riskieren.

Ich weiß, dass der Abend im Restaurant ausfallen wird. Kurzerhand rufe ich deshalb Murielle an und entschuldige mich. Sie äußert zwar ihre Missbilligung, aber nur der Form halber. Als kluge Frau versteht sie, dass ich den Lauf der Dinge nicht beeinflussen kann. Dafür verspreche ich ihr ein

Traumwochenende. Das tröstet sie etwas. Als ich ankündige, dass ich gegen zweiundzwanzig Uhr zu Hause sein werde, erklärt sie, sie werde geduscht, parfümiert und in leichter Kleidung auf mich warten. Von diesem Programm bin ich begeistert. Sie ist zugleich amüsiert, als ich ihr die Liste von Vergnügungen aufzähle, die ich mir gerade für sie ausdenke. Als sie auflegt, bin ich überzeugt, dass sie nun nicht mehr sauer auf mich ist. Obwohl ich leise gesprochen hatte, ist meinem Tischnachbarn, einem älteren Mann, kein Wort unseres Gesprächs entgangen. Er zwinkert mir wissend zu und zeigt mit dem Daumen nach oben.

Die kleine Lamingue hat nicht gelogen, denn ihre Mutter taucht tatsächlich kurz nach neunzehn Uhr auf.

Wie bereits von Fournot beschrieben, trägt sie ihr Haar lang. Dass sie müde und traurig aussieht, erstaunt mich allerdings. Sie ist klassisch und ohne Luxus gekleidet. Bevor sie ihren Schlüssel ins Türschloss steckt, lässt sie ihren Blick unruhig umherschweifen. Dieses Verhalten hätte zwar als Neugierde oder fest verankerte Gewohnheit durchgehen können, ist aber für mich als observierenden Polizisten ziemlich aufschlussreich. Ich zögere und überlege, was ich tun soll. Ich bin kurz davor, die Straße zu überqueren, entscheide mich aber dann doch, abzuwarten.

Die Bar ist voller Gäste. Die meisten treffen sich nach einem harten Arbeitstag auf einen Aperitif oder ein Glas Rotwein. Die Gesprächsthemen drehen sich um die Arbeit, den neuesten Witz über einen Promi oder um die Krankheit bzw. den Tod in der Bekannt- oder Verwandtschaft. Ein paar Nachzügler geben noch eilig ihre Lottoscheine für die Abendziehung ab. Das Klingeln meines Handys schreckt einige von ihnen auf. Ich setze ein entschuldigendes Gesicht auf und nehme das Gespräch an.

«Hallo, Maxime?»

Eine weibliche Stimme tönt aus dem Telefon, die Stimme einer keuchenden und aufgewühlten Frau.

«Ja, bitte.»

«Hier spricht Sylvie Le Roux-Rupert.»

Natürlich. Die Stimme war mir irgendwie vertraut vorgekommen. Sie lässt mir keine Zeit, sie zu befragen oder sie auf ihren panischen Tonfall anzusprechen. Unruhig fährt sie fort:

«Du musst mir helfen. Ich bin…»

Weg! Der Anruf wurde unterbrochen, als sie mir den Grund Ihres Anrufs nennen wollte. Ich warte darauf, dass sie noch einmal anruft. Dann halte ich es nicht mehr aus und rufe die eingegangene Rufnummer zurück, aber weder Sylvie noch ihre Mailbox gehen dran. Das wundert mich, schließlich hatte ich ihren Anruf ja gerade erst erhalten. Ich halte es für eher unwahrscheinlich, dass sie in ein Funkloch geraten ist. Ich versuche es erneut - wieder ohne Erfolg. Das irritiert mich. Ich weiß nicht, was ich davon halten soll. Doch jetzt habe ich keine Zeit zum Nachdenken, denn Annie Lamingue hat gerade ihre Haustür hinter sich zugezogen und verlässt mit anmutigem Gang das Haus. Ich lege einen Fünf-Euro-Schein auf den Tisch und gehe ihr hinterher. Die Handtasche hat sie über die Schulter gehängt, in der Hand hält sie einen Weidenkorb. Man muss nicht besonders schlau sein, um zu erraten, was er enthält. Wenn ich jetzt nichts falsch mache, verbringt ihr Mann die Nacht heute auf dem Revier.

Das Beschatten von Annie Lamingue ist nicht leicht, da

die Straße nahezu menschenleer ist. Sie geht in die entgegengesetzte Richtung der Einbahnstraße. Ich verfolge sie in einem Abstand von etwa zwanzig Metern und tue immer wieder so, als würde ich mir die Schaufenster ansehen. Ich weiß, dass ich in Schwierigkeiten komme, falls Annies Auto in der *Rue des Écoles* geparkt wäre: Bis ich meins geholt hätte und beim Zurückfahren die Einbahnstraßen umfahren hätte, wäre sie natürlich längst über alle Berge gewesen.

Aber dieses Mal ist das Glück auf meiner Seite: Ich sehe, dass sie die Fernbedienung benutzt und ihren Korb in den Kofferraum eines eleganten italienischen Autos stellt. Rasch drehe ich um und erreiche mein Fahrzeug in dem Moment, als sie an mir vorbeifährt. Falls ihre Tochter mich mit allen Einzelheiten beschrieben hätte, ducke ich mich hinter ein geparktes Auto. Die Hände in die Hüften gestemmt schaut mich eine Frau entgeistert an, als wäre ich übergeschnappt. Ich tue so, als würde ich meine Schuhe zubinden. Dann steige ich in mein Auto und fahre los.

Am Stoppschild biegt Annie Lamingue links ab. Als ich an die Kreuzung komme, halte ich an, starte aber nicht sofort wieder. Ich warte, bis sie in der *Rue Bayard* am nächsten Stoppschild angekommen ist. Wieder biegt sie links ab. Das dachte ich mir schon. Ich beschließe, mein Glück herauszufordern: Anstatt ihr zu folgen und zu riskieren, dass sie mich entdeckt, entscheide ich mich für die Einbahnstraße *Rue Bayard*, und zwar in der entgegengesetzten Richtung. Dann biege ich in die *Rue Villebois-Mareuil* ein. Dieses Mal möchte ich ihr voraus sein. Daher muss ich so schnell wie möglich die *Rue Vulcain* erreichen und dort auf ihre Ankunft warten. Sie hat keine andere

CHILE-CONCARNEAU

Möglichkeit als den *Quai Carnot* zu nehmen oder die *Avenue de la Gare*. Im ersten Fall würde ich rechts abbiegen, und im zweiten Fall links. Natürlich hätte sie auch die Möglichkeit, vorher irgendwo stehen zu bleiben. Doch das halte ich eher für unwahrscheinlich: Vorher gibt es nämlich *nichts*. Mit *Nichts* meine ich: Sollte sich Lamingue tatsächlich im *La Croix*-Viertel versteckt halten, hätte seine Frau wahrscheinlich nicht ihr eigenes Auto genommen, um zu ihm zu kommen. Es gibt noch eine Möglichkeit, wo sich Lamingue versteckt haben könnte - nämlich in der *Ville Close*. Aber auch dorthin wäre Annie Lamingue gewiss zu Fuß gegangen. Falls ihr Fahrziel in der *Ville Close* liegt, würde ich das schöne italienische Auto, einen Fiat, sicher innerhalb weniger Minuten aufstöbern.

Um sicher zu gehen, wähle ich die Polizeiwache an.
«Hier *Capitaine* Moreau. Sind Sie das, Carlier?»
«Ja.»
«Prima. Gehen Sie raus und achten Sie auf einen großen schwarzen Fiat, der aus der *Avenue Pierre Guéguin* kommt. Ich bin in ein paar Sekunden am Ende der *Rue Vulcain*. Sobald Sie mich sehen, sagen Sie mir, in welche Richtung der Fiat gefahren ist. Wenn der Wagen zu dem Zeitpunkt, an dem ich vorbeikomme, noch nicht durch ist, gehen Sie einfach wieder rein und lassen sich bitte nicht blicken. In Ordnung?»
«In Ordnung, *Capitaine*.»
Ich lege mein Handy auf den Beifahrersitz und gebe Gas. Plötzlich muss ich scharf bremsen, um nicht eine Großmutter mit ihrem Enkel, die gerade die Straße überqueren, zu überfahren.
Die Dame wirft mir einen vorwurfsvollen Blick zu und

bewegt sich nur noch ganz langsam fort, womit sie mir wohl ihr Missfallen über meinen Fahrstil auszudrücken versucht. Nach der langen Untätigkeit während meiner Observierung bekomme ich jetzt einen regelrechten Adrenalinschub. Es ist definitiv nicht der richtige Zeitpunkt, mich irgendwie zu provozieren.

Ich klappe meine Sonnenblende mit dem Schriftzug *Polizei* herunter und rufe durch das heruntergelassene Fenster: «Gehen Sie mir aus dem Weg!» Kaum zu glauben, was für einen Satz die alte Dame mit ihrem Enkel nun hinlegt! Nachdem der Weg endlich frei ist, lasse ich die Reifen quietschen und starte durch.

Carlier erkennt meinen Wagen und gibt mir mit Gesten zu verstehen, welche Richtung ich nehmen soll: *Quai Carnot*. Ich trete kräftig aufs Gaspedal, fahre über zwei rote Ampeln und veranlasse damit ein regelrechtes Hupkonzert.

Auf der Höhe der neuen Fischgeschäfte habe ich den Fiat endlich wieder eingeholt und reduziere meine Geschwindigkeit. Im weiteren Straßenverlauf erreiche ich schließlich den Kreisverkehr. Während Annie Lamingue in Richtung Hafen fährt, nehme ich die *Moros*-Brücke. Es ist wenig Verkehr. Wieder trete ich mit dem Fuß kräftig auf das Gaspedal. Meine Strategie geht auf: Als ich an der Ampel am Ende der *Rue de Penzance* ankomme, ist der schwarze Fiat schon in Sichtweite und fährt gerade in *Le Passage* die Hauptstraße hoch. Ich warte kurz, bis der Fiat hinter einem Gebäude verschwunden ist, dann fahre ich ihm nach. Zweimal konnte ich mich bislang schlau wie ein alter Fuchs durchsetzen. Jetzt muss ich dem Fiat allerdings folgen und darf ihn nicht aus den Augen verlieren. Zumindest hatte ich das vor, aber als ich Annie Lamingue vor dem

Kerviniou-Kreisel rechts abbiegen sehe, reitet mich der Teufel und ich gehe ein weiteres Risiko ein: Ich nehme die *Rue Utrillo*. Schnell durchquere ich ein Wohngebiet und erreiche ein Stoppschild. Dort fährt der italienische Wagen zum Glück in Richtung *Le Cabellou* an mir vorbei. Die Verfolgung fängt an, mir richtig Spaß zu machen! Der Stadtteil *Le Cabellou* gleicht einer weitläufigen Sackgasse. Nur eine Straße führt dorthin. Bingo! Das Verfolgungsrennen ist zu meinen Gunsten ausgefallen. Ich kontaktiere das Polizeirevier. Wie zuvor antwortet mir Carlier und stellt mich zum Büro der *Lieutenants* durch.

«Ja?», meldet sich Pallas.

«Ich bin's, Max. Ich bräuchte eure Hilfe. Hast du gerade Leute zur Verfügung?»

«Mmh… ja! David und ich wären frei. Wir wollten zwar gerade gehen, aber wenn du uns brauchst…»

«Prima! Ich bin in *Le Cabellou*. Wir treffen uns in der Nähe des Rugbyfeldes. Und… bringt eine Streife mit, okay?»

«Alles klar. Bis gleich!»

Pallas schien zwar zunächst von der zusätzlichen Arbeit nicht sonderlich begeistert zu sein, hatte sich im Laufe des Gesprächs jedoch immer mehr mit dem Gedanken angefreundet. Die potenzielle Aussicht auf Zoff heitert ihn wohl auf… Wie schon erwähnt, ist *Le Cabellou* eine Sackgasse. Es ist nur so, dass dieser angenehme Stadtteil von Concarneau nicht nur aus einer Sackgasse besteht, sondern aus einem weitverzweigten Netz von Sackgassen. Dort hinein will ich mich lieber nicht wagen, checke aber die umliegenden Straßen in gemäßigtem Tempo ab. Nach einer Weile hatte ich jede einzelne überprüft, aber ohne jegliche Spur des schwarzen Fiats. Kurzerhand wende ich und fahre Richtung Rugbyfeld. Als meine Kollegen dort gerade ihre Autos abstellen, treffe auch ich ein. Zunächst wende ich mich an die Streifenbeamten:

«Sie bleiben hier. Falls ein schwarzer Fiat vorbeikommt, halten Sie ihn unter dem Vorwand eines Alkoholtests an und sagen mir umgehend Bescheid.»

Dann wende ich mich an Pallas und Fournot:

«Lamingues Frau fährt einen schwarzen Fiat. Er muss in einer Garage oder hinter einem Haus geparkt sein.»

«Oder beim Bunker...»

«Verdammt, daran habe ich gar nicht gedacht!» Stimmt, als Kind hatte ich dort oft gespielt. «Wir müssen unbedingt dieses Auto ausfindig machen. Wir bleiben über Funk in Kontakt.»

Ich starte den Wagen. Siedend heiß fällt mir ein, dass ich Sylvies Anruf vollkommen vergessen habe, weil ich mich von der Verfolgung in Beschlag habe nehmen lassen. Über Funk befrage ich die *Lieutenants*.

«Sagt mal, hat jemand versucht, mich zu erreichen? Vor etwa fünfzehn Minuten...»

«Nein, wir haben keinen Anruf erhalten. Vielleicht ging er ja in der Telefonzentrale ein.»

«Ich kümmere mich darum, wenn wir hier fertig sind. Danke. Viel Glück.»

Straße für Straße sehe ich mir das Wohngebiet an, fahre etwas langsamer, wenn das Innere der Häuser beleuchtet ist oder wenn sie bewohnt erscheinen. In dieser gehobenen Wohngegend sind viele der Häuser nur Zweitwohnsitze und zum Großteil ausschließlich im Sommer belegt. Deshalb sind die meisten Fensterläden geschlossen und die Gärten teilweise vernachlässigt. Ich ärgere mich, dass ich die Beschattung nicht so durchgeführt habe, wie es eigentlich üblich ist. Sonst wüsste ich nämlich jetzt, wo Lamingue sich versteckt und müsste nur noch darauf warten, bis seine Frau aus dem Haus kommt. Danach hätten wir ihn hochnehmen können. Plötzlich trifft knisternd per Funk eine Nachricht ein.

«Kornblume 4, ich höre.»
«Hier Kornblume 1. Wir haben die Frau.»
«Nehmt sie erstmal fest und haltet die Augen offen, ich komme. Kornblume 3, habt ihr verstanden?»
«Ja», meldet sich David Fournot. «Rückzug zum Treffpunkt.»

Zwei Minuten später treffen wir uns wieder in der Nähe des Rugbyfeldes. Einer der Streifenpolizisten überreicht mir den Führerschein von Annie Lamingue. Sie sitzt am Steuer ihres Autos. Die Gesichtszüge sind verhärtet, die Augen gehen ins Nichts. Ich umkreise das Auto und setze mich auf den Beifahrersitz. Mein Verhalten überrascht Annie zwar, aber sie zuckt erst zusammen, als ich die Autotür heftig zuknalle.

«*Bonsoir, Madame* Lamingue. Maxime Moreau, ich bin Polizeibeamter. Ich bin auf der Suche nach Ihrem Mann. Wo ist er?»

Sie schweigt und beißt sich auf ihre Lippen.

«Je schneller Sie meine Fragen wahrheitsgemäß beantworten, desto schneller lasse ich sie gehen. Denken Sie an Ihre Töchter, die sind allein zu Hause...»

Das ist der Knackpunkt bei ihr. Bei Frauen reicht es oftmals aus, ihre Kinder ins Spiel zu bringen, und schon werden sie butterweich. Dicke Tränen kullern über ihre

Wangen und geben mir recht. Sie wischt sie weg, doch die Tränen kullern weiter. Nachdem ich sie in eine sensible Gefühlslage gebracht habe, muss ich versuchen, ein Vertrauensverhältnis aufzubauen. Vielleicht ist sie dann bereit, ein paar Informationen preiszugeben. Ich biete ihr ein Papiertaschentuch an und spreche in vertrauensvollem Ton: «Wenn Sie mir helfen, sind Sie in fünfzehn Minuten zu Hause. Ich will Ihrem Mann nichts Böses. Alles, was ich brauche, ist seine Version eines Verkehrsunfalls gestern in Nantes. Hier, nehmen Sie doch noch ein Taschentuch.»

Sie greift danach, trocknet die Tränen und schnäuzt sich lautstark die Nase. Sie lässt sich meine Worte offensichtlich durch den Kopf gehen, zögert aber. Ich setze erneut an und trage etwas dicker auf. Mit erhobener Stimme sage ich:

«Sie müssen an Ihre Töchter denken! Sie können sich sicher vorstellen, dass wir Ihren Mann ohnehin früher oder später erwischen werden. Also sagen Sie mir, wo er ist. Wenn Sie sich nicht äußern, muss ich Sie in Haft nehmen. Überlegen Sie: Ihr Mann auf der Flucht, und Sie in Polizeigewahrsam! Wer wird sich dann um Ihre Töchter kümmern?»

Beinahe väterlich lege ich eine Hand auf Annie Lamingues Arm und verspreche:

«Ich versichere Ihnen hiermit, dass ich Sie gehen lasse, wenn Sie sich äußern. Sie haben mein Wort.»

Endlich gibt sie auf und rückt mit Informationen heraus. Zwischen zwei Schluchzern und einem Schniefen gibt sie mir eine Adresse. Wenn es um Informationen geht, ist mir aufgefallen, dass sich die Menschen in der Regel in zwei Kategorien aufteilen lassen: Die einen muss man anbrüllen, und zu den anderen muss man nett sein. Bei Annie

Lamingue muss man beide Methoden anwenden. Abwechselnd schroff und dann wieder väterlich gelingt es mir, ihr einige vertrauliche Hinweise zu entlocken.

«Wie ist er an dieses Haus gekommen?»
«Er hat einen Schlüssel.» Sie schluckt nervös. «Das Haus gehört einem Ehepaar aus Paris. Olivier kümmert sich um die Instandhaltung und pflegt den Garten, wenn sie weg sind.»
«Ist er bewaffnet?»
«Natürlich nicht!» Mit einem Ruck fährt sie hoch. «Wir haben keine Waffen im Haus.»
«Das ist schon mal beruhigend! *Madame* Lamingue, ich brauche Ihre Hilfe.»
«Sie scheinheiliger Lügner!», faucht sie. «Sie haben mir versprochen, mich gehen zu lassen, wenn ich Ihnen sage, wo Sie meinen Mann finden können!»
«Beruhigen Sie sich! Sie haben recht. Ich habe Ihnen in der Tat versprochen, Sie gehen zu lassen. Aber mir ist gerade eingefallen, dass ich gar nicht weiß, wie Ihr Mann reagieren wird, wenn wir ihn finden. Es wäre besser für alle, wenn die Sache in aller Ruhe vor sich gehen würde.»

Fünf Minuten später stehen wir vor einem Haus, das nur durch die Straße vom Meer getrennt ist. Das Haus im neobretonischen Stil, erbaut auf einem von jungen Bäumen durchsetzten Rasengrundstück, scheint es mit Wind und Wetter aufnehmen zu können. Die Fensterläden sind geschlossen, kein Lichtschimmer dringt nach draußen. Es sieht unbewohnt aus. Seitlich des Hauses führt eine geteerte Auffahrt zu einer Garage, in der sicher zwei oder sogar drei Autos Platz finden. Ich sitze jetzt auf der Rückbank im schwarzen Fiat und warte ab, bis meine *Lieutenants*,

Fournot und Pallas, auf beiden Seiten des Tores in Deckung gegangen sind. Bevor ich selbst der Länge nach auf der Rückbank in Deckung gehe, fordere ich *Madame* Lamingue auf:

«Schalten Sie Ihre Innenbeleuchtung ein und hupen Sie!»

Sie gehorcht... Ein schrilles Hupsignal ertönt in der Nacht... denkbar ungewöhnlich für diesen ruhigen Stadtteil. Einen Moment lang befürchte ich, dass vielleicht ein neugieriger Nachbar auftaucht, um zu sehen, wer so harsch die Ruhe dieser Gegend stört. Aber glücklicherweise tut sich nichts.

«Hupen Sie nochmal! Diesmal etwas länger.»

Mich auf meine Kenntnisse über Täterpsychologie verlassend, gehe ich davon aus, dass Lamingues Gehirn gerade Alarm schlägt. Er fragt sich in diesem Moment bestimmt, was für ein Idiot so auf die Hupe drückt. Dann wird er sicher neugierig werden und nachschauen kommen.

«Hupen Sie jetzt mehrmals, und jeweils etwas länger. Geben Sie sich ungeduldig, für den Fall, dass er Sie beobachtet!»

Annie spielt mit und kommt meiner Bitte nach. Sie schaut gereizt auf ihre Uhr und klatscht mit den Händen aufs Steuer. Lamingue hat sicher inzwischen gerafft, dass seine Frau die Ruhestörerin ist und wettert wohl gegen sie: Was veranlasst sie zu dieser unverständlichen Ruhestörung, wo es doch so viel einfacher und unauffälliger wäre, wenn sie hereinkäme. Er könnte einerseits die ganze Aufregung rasch beenden und herauskommen oder sich weiterhin innerhalb der schützenden Mauern seines Unterschlupfes verbergen. Was wird Lamingue wohl tun? Er ist ein kleiner Gauner, der ebenso kleine Pläne aushecket, aber nicht

CHILE-CONCARNEAU

schlau genug, uns durch die Maschen zu gehen. Sein Strafregister ist ziemlich umfangreich. Er erinnert mich an Zeichentrickfiguren, die die verrücktesten Pläne in die Tat umsetzen, wenn sie sich ein Ziel in den Kopf gesetzt haben. Doch unaufhaltsam wendet sich das Blatt und am Ende sitzen sie in der Falle! Gerade als ich Annie zu einem neuen Hupkonzert auffordern will, ertönt eine Stimme:
«Was machst du denn da? Bist du übergeschnappt?»
Ganz schön clever, dieser Kerl! Lamingue ist beim Hinterausgang auf der anderen Seite des Hauses nach draußen geschlüpft und hat sich an der Trennmauer zum Nachbargrundstück entlanggeschlichen. Jetzt taucht er wie aus dem Nichts vor uns auf. Beinahe hätte er uns überrumpelt... Aber Annie kennt ihren Text und ruft jammernd:
«Komm her. Bitte. Ich bin gestürzt... Ich glaube, ich habe mir den Knöchel verstaucht.»
«Dann geh doch ins Krankenhaus!»
«Komm schon, Olivier! Bitte! Ich kann mein Bein nicht bewegen.»
Ein Schlüssel wird im Schloss des Tores umgedreht. In meinem Innern breitet sich Erleichterung aus. Ich verspüre die Freude eines Jägers nach stundenlanger Pirsch! Wie eine Feder springe ich aus meinem Versteck und rufe laut:
«Hände hoch, Lamingue! Und keine Bewegung!»

X

Es ist schon nach einundzwanzig Uhr, als ich mein Büro betrete. Der blasse Lamingue folgt mir, flankiert von Pallas und Fournot. Lamingue wird auf den mir gegenüberstehenden Stuhl gedrückt, dann werden ihm die Handschellen abgenommen. Das Herz scheint ihm in die Hose gerutscht zu sein. Er wirkt ziemlich verwirrt. Zunächst beachte ich ihn überhaupt nicht, was seine Verwirrung noch verstärkt. In aller Ruhe biete ich meinen Männern Zigaretten an und zünde mir auch selber eine an. Ich blase ihm den Rauch ins Gesicht und richte meinen Blick auf einige Dokumente, die mir während meiner Abwesenheit auf den Schreibtisch gelegt wurden. Vor mir liegen der Autopsiebericht von Marc Pagels Leiche, die von Luc Pallas aufgenommene Aussage Laurent Guders sowie die telefonische Nachricht eines Freundes, der wegen eines Strafzettels anrief.

Der merkwürdige Anruf Sylvie Le Roux-Ruperts kommt mir wieder in den Sinn. Sie und ihr plötzlich abgebrochenes Telefongespräch habe ich völlig verschwitzt! Nervös drücke ich erneut mit dem Finger auf ihre Nummer. Wieder keine Reaktion und keine Voicemail. Einen weiteren Versuch verschiebe ich auf später. Ich zerdrücke den Stummel meiner Zigarette im Aschenbecher, schaue Lamingue direkt in die Augen und verkünde:

«Du steckst in Schwierigkeiten, Mann! Wenn du willst, dass du hier rauskommst, dann gib mir besser eine hieb- und stichfeste Erklärung.»

CHILE-CONCARNEAU

*
* *

Es dauert nicht lang. Nachdem ich ihm aufgezählt hatte, was die Ermittlungsbehörde durch die Telefonüberwachung und mithilfe Guders Aussage bereits über den Unfall in Nantes herausgefunden hatte, bleibt Lamingue keine andere Wahl: Er muss auspacken. Seinen Freund Richard Berthou belastet er, ohne mit der Wimper zu zucken. Mehrere Details, die er uns schildert, sind allerdings nicht nachprüfbar, da Berthou verstorben ist. Andererseits hatte Berthou sein Adressbuch bei sich. Man kann davon ausgehen, dass Lamingue in dem Fall nur eine untergeordnete Rolle spielt. Das mache ich ihm deutlich. Allerdings gilt dies nur, ergänze ich, wenn er mir alles erzählt, was er weiß. Tatsächlich gibt er jetzt zu, Zeuge des Unfalls gewesen zu sein, behauptet jedoch, die Quelle des Filmmaterials und den Namen des Lieferanten nicht zu kennen.

Ich fühle mich plötzlich unendlich müde und gehe im Raum auf und ab. Seit gestern Morgen habe ich gerade mal zwei Stunden geschlafen und bin somit mehr oder weniger seit vierzig Stunden auf den Beinen. Das macht sich jetzt bemerkbar. Mit schweren Augenlidern habe ich nur noch einen Wunsch: Ich will ins Bett. Oh je, und Murielle erwartet, dass ich für einen prickelnd heißen Abend in Hochform nach Hause komme!

«Über den Rest reden wir morgen früh, Lamingue. Ich muss dir leider sagen, dass mir deine Aussagen noch nicht genügen. Ich rate dir, alles noch einmal ernsthaft zu überdenken. Du hast die ganze Nacht Gelegenheit dazu.»

David Fournot hat uns heute Abend etwas früher verlassen. Er wurde vom Revierleiter, dem heute Abend diensthabenden Offizier, abgerufen. Während ich meine Jacke anziehe und meine Sachen zusammensuche, legt Luc Pallas Lamingue wieder die Handschellen an. Wir gehen zusammen runter ins Erdgeschoss und Lamingue landet in einer Zelle.

Während wir mit unseren uniformierten Kollegen einige Höflichkeiten und Scherze austauschen, werden ihm die Handschellen abgenommen. Seine Taschen muss er auch leeren. Erleichtert über den Verlauf der Dinge überfällt mich eine betäubende Benommenheit. Doch ein unerwarteter Gedanke hindert mich daran, mich vollends entspannen zu können: Die Polizisten haben es versäumt, die Schnürsenkel aus Lamingues Schuhen an sich zu nehmen. Was, wenn er sich hinter den Mauern der Polizeistation etwas antun würde? Besorgt weise ich die Kollegen darauf hin. Einer von ihnen reagiert schmunzelnd:

«Das wird bestimmt nicht passieren, *Capitaine*. Er trägt Cowboystiefel!»

Ich entschuldige mich für den Faux pas und werde deswegen von meinen Kollegen mit Sticheleien bedacht. Das geschieht mir recht! Ich hoffe, ich werde daraus lernen und aufhören zu glauben, dass ich schlauer bin als andere. Was für eine Idee, ihnen ihren Job beibringen zu wollen. Es wird einfach Zeit, an der Matratze zu horchen! Ich empfehle mich und will schon die Treppe nach draußen hinunterlaufen, als ich mich doch noch einmal umwende. Dem Revierleiter rufe ich zu:

«Ziehen Sie ihm seine Stiefel aus. Ich werde sie mitnehmen.»

CHILE-CONCARNEAU

Die Polizisten, auch Pallas, schauen mich überrascht an, fügen sich aber. Lamingue wehrt sich ohne Überzeugung und einer der Polizeibeamten übergibt mir die Stiefel. Ich drehe sie um und renne die Treppe hinauf zurück in mein Büro. Der *Lieutenant* und die Polizeibeamten sehen mir entgeistert hinterher.

Es dauert nicht lange. Meine Unterlagen sind tadellos geordnet, deshalb finde ich auch gleich, was ich suche. Als der Beamte verkündet hatte, dass Lamingue Stiefel trug, war ich nicht sofort hellhörig geworden. Erst als ich fast schon aus dem Haus war, konnte ich mir über diese Tatsache klar werden. Ich bin einfach auf der Leitung gestanden. Das schreibe ich meinem Schlafmangel zu. Als ich meine Vermutung überprüfe, lächle ich zufrieden vor mich hin. Ich bin überzeugt davon, dass die Stiefelabdrücke von Lamingue genau mit den Abdrücken übereinstimmen, die die Gendarmen aus Pont-Aven bei der *Trémalo*-Kapelle gefunden haben. In besagter Nacht wurde in der Villa eingebrochen und die Techniker der Spurensicherung hatten ebenfalls Schuhabdrücke sichergestellt. Dem Abgleich anhand der Fotos zu schließen, handelt es sich um dieselben Schuhe. Davon bin ich fest überzeugt.

Für einen Anruf in Nantes ist es nun zu spät, aber morgen werde ich meinen Freund Yves Perrot bitten, mir Berthous Schuhe für den Abgleich mit den Spuren des zweiten Schuhabdrucks zu schicken.

Nicht wenig stolz auf meine Entdeckung steige ich pfeifend die Treppe hinunter. Meine Müdigkeit ist wie weggeblasen. Einen Augenblick lang bin ich kurz davor, einen Abstecher in Lamingues Zelle zu machen, doch dann überlege ich es mir anders. Bei der Vernehmung morgen dürfte sich der identische Schuhabdruck als effektives Druckmittel erweisen.

Fünf Minuten später parke ich vor Murielles Haus.

Es ist schon nach zweiundzwanzig Uhr dreißig und ich hoffe, dass sie noch nicht schläft. Schon nach der kurzen Anfahrt fühle ich mich erneut wie erschlagen.

Ich würde jetzt am liebsten in die Federn kriechen, um mich auszuruhen statt mit Murielle zu schlafen. Vielleicht schaffen es ein paar prickelnde Umarmungen, meine Leidenschaft doch noch zu entfachen.

Ich öffne die Autotür und will gerade einen Fuß auf die Straße setzen, als mein Handy klingelt. Die Nummer von David Fournot: Ein ungutes Gefühl in der Magengegend breitet sich aus. Soll ich ihn wegdrücken? Ich tue es aber nicht und antworte.

Im zwanzigsten Jahrhundert kämpften die Menschen für ihre Freiheit: Es ging darum, sich von Fesseln zu befreien und jede Freiheitsverletzung wurde strikt abgelehnt. Ist der Mensch des einundzwanzigsten Jahrhunderts etwa zu einem törichten Zweibeiner geworden, der auf das Kommando eines Klingeltons reagiert, als wäre er konditioniert? Verfluchtes Zeitalter!

«*Allô...*»

«Max! Bist du noch im Büro?»

«Nein, Kollege! In drei Minuten liege ich in der Falle. Und ich kann es kaum erwarten, das kannst du mir glauben!»

Sendepause: Fournot schweigt. Es scheint dem jungen *Lieutenant* peinlich zu sein, gestört zu haben. Aber dann spricht er:

«Max...»

CHILE-CONCARNEAU

«Brauchst du Hilfe?»
«Nein. Du erinnerst dich doch, vorhin hat mich der Revierleiter aus deinem Büro geholt…»
«Ja. Und?»
«Ähm… Stell dir vor, es ging um einen Mord. Das Opfer hielt einen Zettel in der Hand. Und auf diesem Zettel stehen dein Name und deine Telefonnummer.»

*
* *

Ohne Murielle Bescheid zu sagen, fahre ich mit Vollgas zu dem von Fournot beschriebenen Ort: eine Straße im Stadtteil *Rouz*, die an ihrem Ende direkt ans Meer führt.

Den Wagen stelle ich in einiger Entfernung ab und haste die Straße hinunter. Die blinkenden Lichter des Streifenwagens und des Feuerwehrautos färben die Fassaden der Häuser bläulich. Je weiter ich komme, desto stärker wird der vom starken Wind herangetragene Geruch des Meeres spürbar.

Trotz der späten Stunde diskutiert eine Handvoll Schaulustiger auf der Straße herum und versucht, einen Blick auf die Arbeit der Feuerwehrleute zu erhaschen. Die Leiche ist nicht zu sehen. Zeitverschwendung, denn dazu müssten Sie den Küstenweg nehmen und zehn Meter laufen. Drei Feuerwehrmänner warten am Wegrand neben ihrer Rettungsausrüstung. Weiter unten suchen zwei starke Lichtstrahler das Felsenlabyrinth ab. Fournot und einer der Streifenpolizisten gehen auf Spurensuche und inspizieren akribisch jeden Quadratzentimeter. Ihre mühsame Arbeit wird durch die Eigenschaften des Geländes erschwert.

CHILE-CONCARNEAU

Bevor ich zu ihnen hinuntersteige, betrachte ich betroffen, aber auch gespannt die Konturen des Körpers, der sich unter der Decke abzeichnet. Ein mögliches Abkommen vom Weg mit anschließendem Sturz nach unten kann ich aufgrund der Entfernung ausschließen.

Ein sicherer Durchlass erlaubt den risikofreien Zugang Richtung Meer, zumindest tagsüber, denn im Dunkeln verdrehe ich mir den Knöchel und kann mich gerade noch fangen. David lässt den Streifenpolizisten hinter sich und kommt mir entgegen. Ohne ein Wort zu sagen leuchtet er mit seinem Strahler über den unebenen Boden. Wir gehen weiter bis zur abgedeckten Leiche. Bevor Fournot die Leiche aufdeckt, sieht er mich fragend an. Als ich nicke, zieht er die Abdeckung zurück, faltet sie ordentlich und legt sie ein Stück weiter weg auf den Boden. Ich registriere kaum, was um mich herum geschieht. Als Sylvies hübsches Gesicht zum Vorschein kommt, gerät mein Atem ins Stocken. Ich habe das Gefühl, gleich zu ersticken und kann meine Tränen nicht zurückhalten. Tränen mit dem bitteren Geschmack einer unendlichen Traurigkeit, die mich unbarmherzig bis ins Mark erschüttert.

Bilder unserer Kindheit ziehen an meinem inneren Auge vorbei, während tief in mir eine ungeheure Wut aufsteigt. Ich schließe die Augen und versuche, mich zu beruhigen. Dann frage ich:

«Wie weit bist du denn?»

David seufzt und beobachtet mich schweigend, bevor er antwortet. Er ist offensichtlich der Meinung, dass die ersten Ergebnisse in meiner Lage auszuhalten sind:

«Sie wurde erwürgt. An ihren Turnschuhen sind an der Ferse Kratzspuren erkennbar, was darauf hindeutet, dass der Körper hierher geschleift wurde. Es sei denn, die Kratzspuren sind älter. Um das herauszufinden, müssen wir die Laborergebnisse abwarten. Es ist also durchaus möglich, dass ihr Angreifer - wenn es zwei gewesen wären, hätten sie sie ja getragen - die Leiche im Wasser loswerden wollte. Dass er es letztendlich nicht getan hat, könnte darauf hinweisen, dass er gestört wurde. Hier ist der Zettel, den sie in der Hand hielt. Sie hielt ihn wohl sehr fest umklammert, während ihr Angreifer... Fast könnte man meinen, sie dachte, dein Name und deine Telefonnummer könnten sie schützen. Auf dem Küstenwanderweg habe ich übrigens ein kaputtes Handy gefunden. Vielleicht ist es ihres.»

Zwei Feuerwehrleute mit Suchscheinwerfern und einem Notstromaggregat treffen ein. David erklärt:

«Das Meer steigt, wir müssen schnell handeln. Wenn es hier noch irgendwelche Beweise gäbe, würden sie mit der Flut weggespült werden. Wie fühlst du dich? Glaubst du, du kannst uns behilflich sein?»

Ich bejahe. Fournot deckt Sylvies Leiche wieder ab, zündet eine Zigarette an und schiebt sie mir zwischen die Lippen.

«Wir kriegen diesen Scheißkerl, Max. Wir kriegen ihn.»

Der Motor des Notstromaggregats heult auf und übertönt das Geräusch der an die Felsen peitschenden Wellen. David stellt sicher, dass die Suchscheinwerfer gezielt auf das Suchgebiet gerichtet sind, und wir beginnen mit einer systematischen Spurensuche.

Eine halbe Stunde später haben wir das Gebiet durchkämmt: ohne nennenswerte Ergebnisse. In der Zwischenzeit trifft auch der Arzt ein. Nachdem er den Tod amtlich festgestellt hat, können die Mitarbeiter des Bestattungsunternehmens den Leichnam abtransportieren. Ich drehe mich weg, weil ich diesen Anblick nicht ertragen kann. Ich will ein schöneres Bild von Sylvie in meinem Gedächtnis behalten.

Plötzlich verstärkt sich die Brise mit der steigenden Flut. Wir kehren zum Küstenpfad zurück. Dort sind die beiden Feuerwehrleute schon dabei, beim Licht ihrer Stablampen ihre Ausrüstung zusammenzupacken. Ein vom Meer kommender Regen überrascht uns, als hätte er auf die Dunkelheit gewartet. Wir eilen zur Straße.

«Der Mann mit dem Hund dort drüben hat das Opfer entdeckt. Ich hatte noch keine Zeit, mit ihm zu sprechen. Kommst du mit aufs Polizeirevier?»

Davids Frage war rein rhetorisch. Natürlich gehe ich mit! Ich könnte jetzt ohnehin nicht schlafen. Meine Müdigkeit ist vorerst verflogen und ich bin ziemlich aufgewühlt. Sylvies Lächeln mit ihrem reizenden Grübchen schweben vor meinen Augen...

Im Auto stelle ich die Scheibenwischer zwar auf Höchstgeschwindigkeit, aber es bringt nichts. Ich kann meine Tränen nicht mehr zurückhalten. Dichter als der Regen draußen rinnen sie über meine Wangen.

*
* *

Bei der Befragung des Mannes, der die Leiche entdeckt hat, ergibt sich nichts Neues: Er sei mit seinem Hündchen spazieren gegangen, wie er es jeden Abend nach dem Abendessen tun würde. Wie sonst auch habe sich das von

CHILE-CONCARNEAU

der Leine befreite Tier übermütig ausgetobt und sei ihm vorausgelaufen. Als er den Hund plötzlich laut habe bellen hören, habe er schon geahnt, dass etwas Ungewöhnliches passiert sein müsse. Wie ein Vorstehhund sei das Tier auf dem Pfad stehen geblieben. Und da habe er die Leiche gesehen: einen hellen Fleck auf dem dunklen Felsen. Der Kopf sei fast rechtwinklig zur Wirbelsäule gelegen. Da er dachte, dass er nichts mehr für die arme Frau tun könne, sei er nach Hause gelaufen, um die Polizei zu alarmieren. Es sei ungefähr einundzwanzig Uhr gewesen.

David nimmt seine Aussage auf, bedankt sich und lässt den Mann nach Hause gehen. Dann hält er eine durchsichtige Plastiktüte in die Höhe: Darin liegt das Mobiltelefon, das er auf dem Küstenwanderweg entdeckt hat. Mittig ist es vollständig zertrümmert. Der Schaden lässt einen heftigen Tritt mit dem Absatz vermuten. Der junge *Lieutenant* will es vorschriftsmäßig zur weiteren Untersuchung an die KTU schicken. Die Kriminaltechniker werden uns zwar nicht die Schuhgröße des Angreifers liefern können, vielleicht aber die Art der Schuhe oder eventuell sogar die Marke. Zugegeben: Es ist unwahrscheinlich. Falls es aber doch ein Ergebnis gäbe, könnte sich die Spur am Ende als entscheidend erweisen.

Fournots Ansicht nach sollte eine Autopsie durchgeführt werden. Während er die Nummer des Staatsanwalts wählt, ziehe ich mich zurück.

Aber bevor ich nach Hause zurückkehre, will ich noch nach Lamingue sehen. Auf der Polizeistation angekommen, begebe ich mich in den Keller, ziehe den Sichtvorhang zu seiner Zelle zurück und sehe Lamingue hinter dem Plexiglas des Oberlichtfensters. Auch er schläft noch nicht. Auf der Bank sitzend, die Ellbogen auf den Oberschenkeln und das Kinn in die Hände gestützt, scheint er über etwas nachzudenken.

Ich trete in seine Zelle, biete ihm eine Zigarette an und halte ihm die Flamme meines Feuerzeugs hin. Dann sage ich:

«Ich hoffe, du strengst gerade deinen Grips an!»

XI

Die sechs Stunden Schlaf haben mir gutgetan, obwohl ich mein optimales Schlafpensum nicht erreicht habe. Murielle und ich frühstücken ausnahmsweise gemeinsam. Normalerweise kommt das nur an Wochenenden vor. Bevor sie schlafen gegangen ist, hat sie einen Schlafanzug angezogen und, des Wartens müde, einen zarten Tanga und Strapse auf dem Sofa abgelegt. Über den verdorbenen Abend verlieren wir kein Wort. Ich erzähle ihr, was passiert ist und schildere ihr die Gründe für meine Abwesenheit. Ich verspüre das tiefe Bedürfnis, Murielle von Sylvies gestrigem Besuch zu erzählen, von ihrem Anruf und dem anschließenden Fund ihrer Leiche. Es tut Murielle sogar leid, dass ich die Ermittlungen nicht selbst leite. Meines Erachtens ist es jedoch besser so: Mit eingeschränktem Urteilsvermögen wäre es kein Wunder, wenn es mir irgendwann an Objektivität fehlen würde. Eine private Beziehung zum Opfer verzerrt die Denkfähigkeit: Ich könnte zum Beispiel eine Spur übersehen oder irgendein Detail…

Heute Morgen werde ich mich nicht sonderlich beeilen: Lamingue und Konsorten können warten. In meinem Job wechseln Phasen des Erfolgs und Phasen des Misserfolgs einander ab. Manchmal träume ich davon, dass die laufende Ermittlung die letzte wäre, dass die Mörder, Diebe, Vergewaltiger und andere Gangster für immer mit ihren Missetaten aufhören würden. Doch die menschliche Natur ist eben anders…

Als ich in der *Avenue de la Gare* Nummer eins ankomme, ist es kurz nach neun. Pierre-Édouard de Vitreux de Barnac ist der erste, den ich antreffe. Er ist anders gekleidet als am Vortag, aber genauso stilvoll. Der Baron erkundigt sich nach dem Fortschritt meiner Ermittlungen. Zerknirscht teile ich ihm mit, dass ich leider kein Stück vorangekommen bin.

Ich versichere ihm abermals, dass wir uns voll einsetzen werden und uns weiterhin intensiv bemühen. Ich bitte ihn, Geduld zu haben. Um abzulenken verspreche ich, bei der Trauerfeier Marc Pagels dabei zu sein.

Mein zwanghaftes Ich kann wieder nicht anders als die Treppen zum Stockwerk zu zählen, obwohl ich die Anzahl der Stufen auswendig kenne. Dann betrete ich das Büro der *Lieutenants*. Nur Luc Pallas ist da. Wir begrüßen uns mit einem Handschlag. Danach erkundige ich mich nach David Fournot. Aber Pallas ist selbst gerade erst gekommen und hat noch keine neuen Informationen. Er verspricht jedoch, mir so schnell wie möglich Bescheid zu geben, sobald sich das ändert. Heute Morgen ist er ungewohnt gut gelaunt und wir plaudern eine Weile. Von meinem Büro aus rufe ich am Empfang an und bitte darum, dass man Lamingue in mein Büro bringt.

Der diensthabende Beamte antwortet, dass der *Commandant* bereits seit einer Stunde nach mir fragt. Er wird warten müssen, gebe ich ihm zu verstehen, und verlange mit Nachdruck, dass man mir den Verdächtigen bringt. Bevor der Beamte auflegt, informiert er mich noch über die Wiederaufnahme der Spurensuche im Hafen: Die Feuerwehr ist dort seit heute Morgen wieder an der Arbeit.

Zwei Minuten später wird Lamingue hereingebracht. Die

Handschellen werden ihm abgenommen. Ohne ihn eines Blickes zu würdigen, erfasse ich seine Identität auf dem Computer. Dann rufe ich in Nantes an und erreiche meinen Kumpel Yves Perrot.

«*Salut!* Alles okay? Hör zu, ich bräuchte ein paar Fotos von den Schuhsohlen des Missetäters, der bei dir untergebracht ist...»

«Von Berthou?»

«Ja. Und beeil dich bitte, ich würde diese Sache gerne abschließen.»

«Alles klar! In weniger als einer Stunde hast du sie. Ich mache ein paar Fotos, lade sie hoch und lasse sie dir zukommen.»

«Großartig. Vielen Dank! Tschüs!»

Als ich mich Lamingue zuwende, merke ich, dass er völlig ahnungslos ist: Er hat gar nicht mitbekommen, dass dieses Gespräch etwas mit ihm zu tun hatte.

«Nun zu uns beiden! Wie machen wir das? Packst du aus oder muss ich dir die Würmer einzeln aus der Nase ziehen? Aber ich warne dich, ich habe nicht viel Zeit. Also leg los.»

Lamingue rutscht auf seinem Stuhl hin und her. Eckige Schultern zeichnen sich unter dem Pullover ab, während seine Arme in den Ärmeln merkwürdig zu schweben scheinen.

«Schieß los, ich höre... Übrigens, deine Frau saß erst vor ein paar Stunden genau auf diesem Platz. Jetzt ist sie zu Hause bei deinen Kindern. Wie du siehst, habe ich ein gutes Herz. Obwohl, es kommt darauf an... Ich kann genauso unerbittlich sein. Was deine Person angeht, brauchst du dir keine Hoffnungen zu machen: So schnell werde ich dich nicht nach Hause lassen. Aber ich könnte deine Haftbedingungen verbessern.»

Rötliche Farbe war Lamingue in sein hageres, blasses Gesicht gestiegen und hatte etwas Leben in die hohlen Wangen des Gauners zurückgebracht. Die Augen wirken trotzdem matt.

«Wo soll ich denn anfangen? Was...»

«Fang mit Nantes an. Mit dem Unfall...»

Mit diesem Hinweis dürfte er nun verstanden haben, dass ich über Einiges im Bilde bin. Und als Warnung, falls er versuchen würde, mich zu täuschen, füge ich hinzu:

«Siehst du diese Bücher? Das hier ist die Strafprozessordnung und das das Strafgesetzbuch. Ich bin sie nochmal durchgegangen. Es ist offensichtlich, dass du eine „halbschwere" Straftat begangen hast. Wenn du kooperierst kann ich dafür sorgen, dass du eine mildere Strafe bekommst. Das ist ein Win-Win-Angebot, verstehst du? Wenn du dein Gewissen erleichterst, werde ich mich für dich einsetzen. Ansonsten... Nun, es liegt ganz bei dir. Eine letzte Sache noch: Laurent Guder hat mir von seiner Fahrt nach Nantes erzählt. Du solltest mir also eine übereinstimmende Version liefern.»

Sein rötliches Gesicht wird kreidebleich.

Er weiß genau, dass er in der Tinte sitzt. Nach einem kurzen Moment des Nachdenkens legt er los:

«Vorgestern kam Richard Berthou frühmorgens ohne Vorankündigung zu mir nach Hause. Es war so gegen halb fünf. Ich sollte ihn nach Nantes bringen, er müsse Leuten aus seiner Bekanntschaft ein paar Sachen übergeben. Zuerst wollte ich nicht mitfahren. Aber ich wusste, wie sehr

er es hasste, selbst zu fahren. Also stimmte ich letztendlich zu und tat ihm den Gefallen.»
«Und?»
«Tja, wir hatten einen Unfall… Jemand hat uns beim Überholen geschnitten und ich habe die Kontrolle über den Wagen verloren. Richard blutete stark, vor allem am Kopf. Ich bekam es richtig mit der Angst zu tun und habe mich so schnell wie möglich vom Acker gemacht. Ich bin bis ins Stadtzentrum von Nantes gelaufen. Da habe ich mich eine Weile herumgetrieben, bevor ich Laurent Guder anrief. Ich habe ihn gebeten, mich abzuholen. Ich hatte kein Moos: Also konnte ich nicht mit dem Zug zurückfahren. *Voilà*, das war's.»
«Das ist alles?»
«Ja.»
«Willst du mich für dumm verkaufen? Denk mal darüber nach, was ich dir vorhin gesagt habe! Wir haben einen Deal, Mann! Vergiss das nicht! Also fangen wir nochmal von vorne an. Woher kam Berthou, als er bei dir zu Hause auftauchte?»
«Das weiß ich nicht.»
Meine flache Hand knallt laut auf die Schreibtischplatte.
Lamingue zuckt zusammen und zieht instinktiv den Kopf ein, als würde er einen Hieb befürchten.
«Keine Sorge, verprügeln ist nicht meine Art. Es juckt mich zwar in den Fingern, aber du sitzt auch so schon tief genug in der Kacke.»
Fäkalsprache ist eigentlich auch nicht meine Art, aber in diesem Fall kommt mir nichts anderes in den Sinn. Es muss an Lamingues Verhalten liegen: Das bringt mich fast bis zur Weißglut. Trotzdem fahre ich mit leisem Ton fort:

«Was hast du dir denn gedacht, als du Berthou mit einem BMW vorfahren sahst? Wusstest du, dass er ein neues Auto hat?»

«Er sagte mir, dass...»

«Stopp! Schau mal genau her: Dieses Papier teile ich jetzt in zwei Spalten. Das wird meine Strichliste. Die eine Seite ist für deine plausiblen Antworten, die andere Seite für deine verworrenen, widersinnigen oder falschen Antworten. Es wäre besser für dich, wenn ich mehr Striche in der ersten Spalte machen könnte. Fangen wir also nochmal von vorne an: Woher kam der BMW?»

«Ich war's nicht, *M'sieur*! Richard hat ihn in Quimper gestohlen. Das ist die Wahrheit! Ich schwöre es!»

Ich mache einen Strich in die Spalte der glaubhaften Antworten, starre ihn dabei an und zeichne auch noch einen zweiten Strich in die Spalte der Lügen.

«Richtig! Der Wagen wurde tatsächlich in Quimper gestohlen. Allerdings hast du gerade behauptet, Berthou fahre nicht gern.»

«Aber ich schwöre Ihnen, ...»

«Sei still! Und schwören brauchst du auch nicht. Was habt ihr als nächstes getan?»

«Wir sind losgefahren, nach Nantes.»

Ich schneide ihm das Wort ab und mache einen Strich in der rechten Spalte. «Glaubst du nicht, dass du etwas vergessen hast? Was ist denn mit der Fracht, die ihr liefern solltet?»

«Davon weiß ich nichts. Richard hat alles organisiert. Ich sollte ihn nur nach Nantes bringen. Um den Rest hat er sich gekümmert.»

«Okay, belassen wir es heute dabei. Du kommst wieder

in deine Zelle. Ich besuche jetzt deine Frau und deine Töchter. Sie werden sich freuen, wenn sie hören, dass du dich mal wieder in krumme Sachen hast verwickeln lassen.»
«Aber, *Monsieur le Commissaire...*»
«Ich bin kein Kommissar! Diese Liste werden wir das nächste Mal ergänzen. Mal sehen, ob du mir dann nur Antworten für die linke Spalte lieferst.»

*
* *

Die *Saint-Guénolé*-Kirche kommt mir an diesem Tag richtig groß vor. Vielleicht liegt es daran, dass nur wenige Menschen anwesend sind. Ein paar ältere Frauen sitzen auf der linken Seite des Kirchenschiffes: Das sind sicher Kirchenbesucherinnen, die keine Zeremonie verpassen. Ansonsten ist die Kirche bis auf den Priester und eine weitere Person, die beim Pfarrer steht, leer. Die Frauen beobachten, wie ich bis zur zweiten Reihe nach vorne gehe. Verwundert tuscheln sie miteinander. Ich kümmere mich nicht darum und bewundere inzwischen die Architektur des Kirchengebäudes. Dass es eine sehr moderne Kirche ist, sieht man schon von außen am Mosaik von *Jean Bazaine*. Das eindringende Tageslicht verleiht der Kirche eine angenehme Atmosphäre und duldet keine dunklen Ecken. In der Nähe des Altars wechselt der Priester noch ein paar Worte mit der Person und geht dann einen Moment hinaus. Der Leichenwagen wird wohl gleich kommen. Das Orgelharmonium spielt als Zeichen für den Beginn der Trauerfeier ein Präludium. Dann sind Schritte zu hören. Ich wende meinen Kopf zur Seite. Der Pfarrer erscheint. Ihm folgen vier Angestellte eines örtlichen Bestattungsunternehmens: Sie tragen einen schlichten Sarg. Pierre-Édouard schließt die Prozession ab. Ganz in Schwarz gekleidet begleitet er seinen Freund auf seiner letzten Reise. Er setzt sich direkt vor mich in die erste Reihe und wendet sich zu mir um. Sein Lächeln ist eine Mischung aus Traurigkeit und Freude darüber, dass ich anwesend bin. Tief berührt nicke ich ihm zu. Als ich die Kirche betreten habe, war der Baron nicht in der Nähe gewesen. Es war ihm bestimmt ein Anliegen, bei der Einsargung in Quimper dabei zu sein.

Die Trauerfeier nimmt ihren Lauf. Lediglich das laute Schniefen einer der Kirchgängerinnen ist hin und wieder zu hören.

Nach der Trauerfeier drücke ich dem Baron meine Hand auf die Schulter. Auf diese Weise will ich mein aufrichtiges Beileid zum Ausdruck bringen. Pierre-Édouard bedeckt meine Hand mit der seinen und drückt meine Finger. Seine Hand fühlt sich kalt und trocken an, doch ich spüre seinen starken Willen. Mich wegwendend, flüstere ich ihm ins Ohr:

«Sie können sich auf mich verlassen! Ich werde den Täter fassen!»

*
* *

Ich bin bei einer Bäckerei stehen geblieben, habe ein paar leckere *Pains au Chocolat* gekauft und sie zusammen mit einer großen Tasse Kaffee in der *Bar du Port* sozusagen als Mittagessen verspeist. Als ich dann kurz nach zwölf im *Commissariat* eintreffe, fühle ich mich gewappnet, Lamingue in die Mangel zu nehmen. Ich muss noch die fehlenden Puzzleteile aus ihm herausquetschen. Ich lasse ihn holen. Lamingue hat bisher nicht gestanden: Für ihn gilt immer noch die Unschuldsvermutung. Ich schalte meinen Computer an. Wie von meinem Freund Yves Perrot angekündigt sind inzwischen die Aufnahmen der Schuhsohlen von Richard Berthou eingetroffen. Ich vergleiche sie mit dem Gipsabdruck aus dem Garten der Villa. Lamingue wird hereingebracht und auf einen Stuhl gedrückt. Er sieht nicht gut aus, obwohl seit unserem letzten Gespräch nur drei Stunden vergangen sind. Seltsamerweise wächst auf seinen, wie es scheint, immer hohler werdenden Wangen ein schwarz-grauer Bart. Mit dunklen Augenringen und wirrem Haar wirkt Lamingue körperlich sehr geschwächt. Psychisch scheint es ihm kaum besser zu gehen. Er wirkt gereizt. Solche Typen sind mir schon öfters untergekommen und ich weiß, es gibt zwei Möglichkeiten: Entweder macht Lamingue zu wie eine Auster oder er packt aus und sagt alles, was er weiß. Im letzteren Fall bekäme er etwas Anständiges zu essen und könnte sich ausschlafen. Eine Zeit lang hülle ich mich in Schweigen, dann greife ich an. Den Blick von seinen Schuhen abwendend schaut mich Lamingue jetzt mit unendlich müde wirkenden Augen an. Ich setze ein freundliches Gesicht auf.

«Annie und Ihre Töchter lassen Sie grüßen. Sie vermissen Sie sehr und hoffen, Sie bald wiederzusehen. Sie haben es in der Hand, Lamingue.»

Aber Lamingue ist hart im Nehmen und schweigt. Auch ich sage erstmal kein Wort. Nach geraumen Sekunden fahre ich fort:

CHILE-CONCARNEAU

«Hier ist das Blatt Papier mit den Strichen für deine richtigen Antworten und deine Lügen. Ich knülle es zusammen und werfe es in den Papierkorb. Versuchen wir es jetzt mal auf einem anderen Weg, Lamingue. Ich erzähle dir, was ich weiß, also drei Viertel des Sachverhalts, und du füllst die Lücken. Und ein Tipp dazu: Du tust gut daran, die Lücken mit überzeugenden Aussagen zu füllen. Okay?»

Lamingue nickt mit zitternden Lippen. Ich habe das Gefühl, dass ihm diese Geschichte über den Kopf gewachsen ist. Er hat schon einige Dummheiten gemacht und hat Angst, dass jetzt abgerechnet wird. Berthou ist tot. Lamingue wird die Rechnung also alleine bezahlen müssen.

«Schau dir das mal an», sage ich und drehe den Computerbildschirm in seine Richtung. «Das ist ein Foto von den Schuhsohlen deines Freundes Richard Berthou. Und das sind Gipsabdrücke, die ich an zwei Einbruchtatorten gemacht habe. Wie du sehen kannst, passen sie zusammen. Gib mir deine Schuhe.»

Lamingues Gesichtsfarbe wechselt von blass zu kreidebleich. Sein Mund ist offen, sein Nacken verspannt und seine Schultern sacken nach unten.

Er hat wohl gedacht, ich würde nur über den Unfall in Nantes sprechen wollen. Aber jetzt ist ihm klar, dass ich über beide Einbrüche Bescheid weiß.

«Am besten gibst du sie mir freiwillig, sonst werde ich darum bitten müssen, dass man sie dir unter Zwang auszieht. Und die Kollegen sind nicht zimperlich, das kannst du mir glauben…»

Er gibt auf, zieht seine Stiefel aus und reicht sie mir.

«Deine Stiefel passen zu den anderen Gipsabdrücken, die wir hier haben.»

CHILE-CONCARNEAU

Ich zünde mir eine Zigarette an, blase den Rauch ia ²n Richtung Decke und fahre mit meinem Bericht fort:
«Samstagnacht seid ihr, du und Berthou, in einen Landsitz eingebrochen und habt Gemälde, Tafelsilber... Nun ja, ich werde jetzt nicht alles aufzählen, du weißt ja selber, was ihr geklaut habt. Wie du siehst, sind wir informiert. Es hat keinen Sinn, zu leugnen. Meine Beschuldigungen sind hieb- und stichfest. Ihr seid also nach Versailles zu einem Antiquitätenhändler gefahren und habt dort die Ware verkauft. Wieviel hat euch das eingebracht?»
In die Enge gedrängt erkennt Lamingue, dass ihm nichts anderes übrigbleibt als zu kooperieren. Er weiß, dass seine Strafe dann womöglich milder ausfallen würde. Mit dumpfer Stimme antwortet er:
«Zweitausend Euro.»
«Nicht besonders viel. Anderswo hättet ihr bestimmt mehr herausholen können. Und die Christusfigur aus der *Trémalo*-Kapelle: Wo habt ihr die verkauft?»
Er zögert. Das Für und Wider abwägend brummt er geknickt:
«Bei einem Sammler, den Richard kannte. Der hat uns auch die Adresse des Antiquitätenhändlers in Versailles gegeben.»
«Und ihr zwei schlauen Jungs dachtet, dass es dem Schrotthändler egal ist, woher die Ware kommt. Fand die Übergabe des *Trémalo*-Christus an den Sammler vor oder nach eurem Versailles-Coup statt?»
«Vorher. Wir haben ihn abgeliefert und sind dann nach Paris gefahren. Die Gemälde haben wir ihm ebenfalls übergeben.»

«Okay.» Deshalb waren sie auch nicht in dem Trödelladen, als meine Kollegen ihn ausgehoben haben. «Name und Adresse des Sammlers?»

«*Docteur* Cohen in *Lanadan*.»

Diese Information dürfte im Mikrokosmos von Concarneau für Aufsehen sorgen! Der Arzt mit exzellentem Ruf wird bald gegen seinen Willen im Rampenlicht stehen. Ich erinnere mich, diesen Arzt mal bei einer Gemäldeauktion gesehen zu haben. Die hatte ich vor ein paar Monaten aus reiner Neugierde besucht.

«Wie viel hat er euch für die Bilder und die Figur bezahlt?»

«5.000 Euro.»

«Auch nicht besonders viel... Lass uns nun zum nächsten Fall übergehen. Auf die Einbrüche und das Veräußern der Wertgegenstände werde ich später nochmals zurückkommen. Es sind noch ein paar Kleinigkeiten zu klären. Apropos Kleinigkeiten: Ich bin bereit, sie zu vergessen, wenn du weiterhin ehrlich antwortest. Kommen wir zu dem Unfall. Was genau ist passiert?»

«Nun, äh... Wir hatten halt einen Unfall, das ist alles.»

Sein Tonfall klingt geschraubt. Meine Geduld ist bald zu Ende.

«Das ist mir bekannt!... Mir geht es um die Umstände! Fangen wir also von vorne an: Erzähl, was am Dienstag ab etwa sieben Uhr morgens alles geschehen ist.»

«Es hatte kaum angefangen zu grauen», brummelt Lamingue. «Je mehr wir uns Nantes auf der Schnellstraße näherten, desto mehr Verkehr gab es...»

«Dichter Verkehr?»

CHILE-CONCARNEAU

«Ja, genau. Ich bin ganz normal gefahren, als ich im Rückspiegel ein Auto mit hoher Geschwindigkeit herankommen sah. Ich war mit dem Verkehr vor mir beschäftigt und schenkte dem herannahenden Wagen keine weitere Beachtung. Der hinter mir fahrende Wagen setzte zu einem Überholmanöver an. Ich glaube, der Fahrer hatte die Geschwindigkeit des Rasers vollkommen falsch eingeschätzt und hat versucht, vor mir reinzuziehen. Dabei hat er mich geschnitten. Ich bremste scharf und geriet ins Schleudern. Natürlich versuchte ich, die Kontrolle über das Fahrzeug wiederzuerlangen, was mir leider nicht gelang. Und schon überschlugen wir uns.»

«Du wurdest nicht verletzt?»

«Nein. Ich hatte nur ein paar Abschürfungen. Dass Richard tot war, war mir sofort klar. Für ihn kam jede Hilfe zu spät. Sofort hielten ein paar Autos an. Ich kletterte aus dem Wagen, und in dem allgemeinen Durcheinander konnte ich mich aus dem Staub machen. Es war ein Unfall, kein Mordversuch!»

Ich reibe meine Hände aneinander und setze eine von Unbehagen gezeichnete Miene auf.

«Ich bin bereit, dir zu glauben, Lamingue. Allerdings ist alles, was mit dem Unfall zu tun hat, für mich nur von begrenztem Interesse… Ich bin von der Mordkommission, ich bin kein Versicherungsvertreter. Mehr als alles andere möchte ich wissen, warum du nach Nantes gefahren bist. Natürlich kannst du mir irgendeinen Grund auftischen: Zum Beispiel, du wolltest eine alte Tante besuchen, oder einen Kumpel vom Militär… Ich werde dir jedoch nicht alles abnehmen. Ich bin durchaus bereit, deine Rolle bei den Einbrüchen nicht zu sehr ins Gewicht fallen zu lassen, aber du musst mir schon die Wahrheit sagen. Du kannst nicht alles Berthou in die Schuhe schieben. Wenn du vorgibst, dass er allein bei den Einbrüchen federführend war, machst du es dir zu einfach. Ich weiß sehr wohl, dass es nicht stimmt. Wenn du Zugeständnisse machst, werde ich dir entgegenkommen. Willst du eine rauchen?»

Er stürzt sich regelrecht auf die Zigarettenschachtel, holt sich eine heraus, zündet sie an und nimmt einen tiefen Zug. Ich rufe beim Empfang an und bitte den diensthabenden Beamten, er möge uns einen Kaffee bringen. Er kommt in Rekordzeit. Da klingelt das Telefon. Es ist Perrot, aus Nantes.

«Max, was hältst du von den Bildern?»

«Sie helfen mir sehr. Vielen Dank, mein Freund!»

«Nichts zu danken. Nächstes Mal wirfst du mir einen Stein in den Garten ...»

«*Avec Plaisir.*»

«Übrigens habe ich mir die Videos angesehen, die im Kofferraum des Wagens lagen. Noch nicht alle, aber sie sind gewissermaßen vom gleichen Kaliber. Es ist nichts Schönes drauf, das kannst du mir glauben.»

«Was meinst du damit?»

«Pädophilie... Wir haben es mit einem Netz von Kriminellen zu tun, die kinderpornografisches Film- und Bildmaterial verscherbeln. Das Netz scheint sich über den gesamten Westen zu erstrecken. Wir haben mit den Verhaftungen und Verhören der Personen begonnen, deren Namen in Berthous Notizbuch aufgelistet sind. Schon seit Monaten ist *Capitaine* Doiron an diesem Netz dran, trat aber leider auf der Stelle. Dank dieses Notizbuchs sieht er wieder Land. Jetzt sind wir dabei, uns das ganze Netzwerk vorzuknöpfen.»

CHILE-CONCARNEAU

«Da habe ich auch so meine Vorstellungen», erkläre ich und richte meinen Blick auf Lamingue, der immer noch auf meine Kaffeetasse starrt.
«Ich bin ganz Ohr.»
«Nein, es ist noch zu früh, Yves. Aber du wirst der Erste sein, dem ich von meinen Erkenntnissen erzähle, das verspreche ich dir. *Salut.*»
Ich lege auf und wende mich wieder Lamingue zu.
«Jetzt packe endlich aus, dann sind wir auch bald fertig. Was war im Kofferraum des Autos?»
Lamingue drückt seine Zigarette im Aschenbecher aus und starrt mich an.
«Ich werde nichts dazu sagen. Wenn ich rede, bin ich tot.»
«Daran hättest du früher denken sollen, mein Lieber. Man lässt sich nicht auf schmutzige Geschäfte ein, denen man nicht gewachsen ist. Du wirst keine andere Wahl haben, als auszupacken. In den Knast kommst du so oder so! Die Dauer deines Aufenthalts allerdings hängt davon ab, ob du eine Aussage zum Inhalt des Kofferraums machst. Wenn du wieder rauskommst, wirst du im Zweifelsfall ohnehin dafür bezahlen müssen, dass wir dich erwischt haben. Siehst du, es gibt nur einen Ausweg: Sag mir, was du weißt, dann bringen wir die, die dir gefährlich werden könnten, zur Strecke.»
Ich zünde mir noch eine Zigarette an und beginne:
«Wir machen es wie vorhin: Ich erzähle dir, was ich weiß, und du füllst die Lücken. *D'accord?*»
Ich stehe auf, und mit den Händen auf dem Rücken lege ich ihm meine Theorie offen:
«Es war einmal... Nein, das ist kein guter Anfang. Es geht schließlich um ziemlich schmutzige Geschäfte. Also

nochmal: Zwei schlaue Jungs, dieselben, die eine Villa und eine Kapelle ausgeraubt haben, lassen sich auf schmutzige Geschäfte mit kinderpornografischem Filmmaterial ein. Ihre Aufgabe ist es, dieses Filmmaterial an sich zu nehmen, um damit ein Netzwerk in der Umgebung von Nantes zu versorgen. Deshalb sind die beiden Kriminellen im Besitz eines kleinen Notizbüchleins mit Namen und Adressen ihrer Kunden. Leider vermasseln die Jungs jedoch ihren Job. Sie haben einfach Pech! Unterwegs werden sie Opfer eines Verkehrsunfalls. Einer der Jungs kommt zu Tode, und obwohl der andere flieht, kommt ihm die Polizei auf die Schliche. Woher hattet ihr überhaupt dieses Filmmaterial? Ihr habt bestimmt eine Anzahlung leisten müssen, und erst durch den Verkauf konntet ihr einen Gewinn erzielen. Wie habt ihr das denn angestellt, du und Berthou…? Ihr steckt doch beide knietief im Minus auf eurem Bankkonto… Aber ich will dir sagen, wie es war: Mit den Einbrüchen verschafftet ihr euch das Geld, das ihr den Kinder-Porno-Kriminellen zahlen musstet. Stimmt's?»

Lamingue nickt und stößt hörbar die Luft aus.

«Tja, ähm… Stimmt! Wir mussten für das gesamte Filmmaterial bezahlen. Aber wir verkauften die Videos für den dreifachen Preis. Da wir anfangs knapp bei Kasse waren, kamen wir auf die Idee, zwei Einbrüche zu machen, um an Kohle ranzukommen.»

Innerlich triumphiere ich. Doch mein seelisches Lächeln erstarrt. Da stimmt etwas nicht. Als Lamingue wohl am wenigsten damit rechnet, lasse ich meine Faust heftig auf den Schreibtisch knallen und schimpfe:

«Willst du mich auf den Arm nehmen, Lamingue? Mit eurem Diebstahl hattet ihr genug Geld, um das Filmmaterial

zu kaufen. Mit 7.000 Euro hättet ihr sogar eine ganze Videothek kaufen können!»
Sein Gesicht, das zuvor wieder etwas Farbe bekommen hatte, erblasst erneut.
Ich gehe auf ihn zu und schaue ihm kalt und herzlos in die Augen.
«Verscherze nicht die Chance, die ich dir gegeben habe, Lamingue!»
Die Aufforderung ist so freundlich geraten, dass er endlich aufgibt. Er erklärt mir den gesamten Ablauf der Dinge, ohne ein Detail auszulassen.
Als Lamingue in die Zelle zurückgebracht wird, bin ich außer mir. Ich bin nahe dran, durchzudrehen und würde am liebsten alles kurz und klein schlagen.
Während die Wut langsam zu verlöschen scheint, zünde ich mir eine Zigarette an. Doch schon beim ersten Zug breche ich völlig aufgewühlt in Tränen aus.

XII

Ich habe bestimmt zehn Minuten lang geweint, so sehr hat mich das Gehörte aufgewühlt. Für einen Moment lang habe ich mein Zeitgefühl völlig verloren. Was mich bis ins Mark trifft, ist der offensichtliche Verlust jeglicher Menschenachtung. Ich atme tief durch und stürze mich wieder in meine Notizen. Ich brauche nicht lange, bis ich gefunden habe, was ich suche und überprüfe die Informationen. Die Beweislage ist klar und ich rufe den Staatsanwalt an. Nach einigen Tönen sanfter Kammermusik erreiche ich ihn und liefere ihm eine Zusammenfassung des Falls. Der Staatsanwalt gibt mir grünes Licht und so rufe ich im Büro der *Lieutenants* an. Wir sind zwar Büronachbarn, doch so wie ich mich gerade fühle, will ich mich ihnen nicht zeigen.

«Ja!», meldet sich David Fournot.

«Max hier. Bist du verfügbar?»

«Ich muss noch ein paar Dinge klären, aber...»

«Mach dich jetzt gleich bereit. Ist Luc auch da?»

«Sitzt neben mir.»

«Sag ihm bitte, dass er auch mitkommen soll. Ich sage dem *Commandant* Bescheid. Wir treffen uns in fünf Minuten unten.»

Wir müssen sofort handeln, denn das, was ich gerade erfahren habe, erlaubt keinen Verzug. Da die Tür meines Vorgesetzten geschlossen ist, klopfe ich an und trete sofort ein. *Commandant* Bernier ist ziemlich überrascht, dass ich sein «Herein» nicht abgewartet habe. Er wirft mir einen halb fragenden, halb verächtlichen Blick zu. Mit der einen Hand auf dem Mikrophon des Telefons blickt er mich fragend an:

«Ja?»

«Haben Sie einen Moment Zeit, *Commandant*?»

Seiner Reaktion nach zu schließen dürfte am anderen Ende der Leitung seine Geliebte sein, eine ziemlich törichte Rothaarige, die ihm bestimmt so viel Kohle wie möglich aus der Tasche zieht. Leider vergeblich versucht er, ihre Existenz vor uns zu verbergen.

Er säuselt ins Telefon:

«Ich muss aufhören. Bis später… Ja, ja, ich dich auch… Bis später.»

Es ist ihm peinlich. Ich gebe vor, nichts bemerkt zu haben und erzähle ihm, was in den letzten vierundzwanzig Stunden passiert ist. Als ich fertig bin, meint der *Commandant*:

«Gute Arbeit, *Capitaine*. Ich begleite Sie bei Ihrem Einsatz.»

Er überrascht mich. Obwohl er kurz vor der Rente steht, versetzt ihn die Aussicht auf eine handfeste Aktivität in Euphorie. Vielleicht fühlt er sich wieder jünger. Während er sich seine Waffe holt, gehe ich nach unten und geselle mich zu Pallas und Fournot, die in der Nähe des Empfangstresens stehen.

«Wohin geht die Reise?», scherzt David, bevor ihm mein verschlossenes Gesicht auffällt.

«Wie weit bist du mit dem Mord an Sylvie Le Roux-Rupert?»

«Ich stochere immer noch im Dunkeln. Heute Morgen habe ich dutzende Leute befragt, aber keiner von ihnen kam

zum Zeitpunkt des Verbrechens am Küstenwanderweg vorbei. Um die Wahrheit zu sagen, ich bin ratlos.»
«Du kannst die Sache abschließen. Ich weiß nämlich, wer Sylvie umgebracht hat. Ich brauche allerdings noch das Geständnis des Täters.»
David steht mit offenem Mund da. Er will natürlich mehr darüber erfahren, aber der *Commandant* trifft ein und schiebt uns hinaus.
«Kommen Sie schon, wir müssen schnell aufbrechen! Sie fahren vor, ich komme Ihnen mit meinem Wagen nach.»
Fournot hält es nicht mehr aus und wird ungeduldig. Während der Fahrt erzähle ich ihm, was ich herausbekommen habe.
«Lamingue und Berthou handelten mit allem, Hauptsache, es brachte Geld ein. Sie wurden in schmutzige Geschäfte mit kinderpornografischem Film- und Bildmaterial verwickelt. Durch dessen Verkauf konnten sie einen komfortablen Gewinn erzielen. Schließlich erhielten sie die Nachricht, dass eine neue Lieferung eintreffen würde. Auch der bei der Übergabe zu zahlende Betrag würde dieses Mal höher als üblich ausfallen: Zusätzlich zum Filmmaterial würde man ihnen nämlich auch ein Kind „anvertrauen". Wie „Ware" sollte es bei einer Adresse abgeliefert werden, die man ihnen im letzten Moment mitteilen würde. Da ihnen aber das Geld für dieses Geschäft fehlte, verübten sie zwei Einbruchsdiebstähle und verkauften ihre Beute... Am Tag der Lieferung fanden sie sich dann am vereinbarten Ort ein und übernahmen das Filmmaterial sowie das Kind. Bevor sie nach Nantes fuhren, lieferten sie das Kind noch an der ihnen angegebenen Adresse ab. Zum Glück für uns wurden die beiden Opfer eines Verkehrsunfalls. Berthou

verunglückte tödlich, aber Lamingue konnte sich aus dem Staub machen. Ein ehemaliger Arbeitskollege von ihm holte ihn in Nantes ab und brachte ihn zurück nach Concarneau. In der Hoffnung, einfach vergessen zu werden, hielt sich Lamingue hier versteckt. Durch die Beschattung seiner Frau konnten wir sein Versteck ausfindig machen und ihn schnappen.»

Obwohl ich eigentlich nie im Auto rauche, fische ich eine Zigarette aus der Schachtel. Dann fahre ich mit meinem Bericht fort:

«Wie es der Zufall will, besuchte mich zur gleichen Zeit eine Jugendfreundin. Sie arbeitet auf dem Sozialamt. Rein zufällig beobachtete sie beim Einkaufen in Lorient eine Frau, die Kinderunterwäsche einkaufte. Von ihr wusste sie aufgrund von Akten, dass sowohl sie als auch ihr Mann in der Vergangenheit wegen Pädophilie mit dem Gesetz in Konflikt geraten waren. Der Einkauf erschien ihr daher sofort verdächtig. Sie suchte mich auf, um mir davon zu berichten. Obwohl ich mehr als genug zu tun hatte, versprach ich ihr, mich so schnell wie möglich um die Sache zu kümmern. Leider hatte ich jedoch bisher keinerlei Nachforschungen anstellen können. Meiner Freundin Sylvie Le Roux-Rupert aber ging diese Angelegenheit sehr nahe. Sie befürchtete das Schlimmste. Anstatt mir die Sache zu überlassen, ermittelte sie eigenhändig und hielt sich aus diesem Grund in der Nähe des Wohnhauses des pädophilen Paares auf. Das vermute ich zumindest. Bald werden wir mehr wissen. Kurz gesagt, sie hat wahrscheinlich etwas Belastendes entdeckt, oder zumindest etwas, das ausreichen würde, um ihren Verdacht zu bestätigen. Sie rief mich an, um mir ihre Beobachtungen zu schildern. Aber unser

Gespräch wurde unterbrochen. Kurz darauf fand man ihre Leiche.»

Pallas pfeift vor Bewunderung.

«Damit hättest du alles aufgeklärt! Wenn ich das richtig verstehe, sind jetzt drei Fälle gleichzeitig gelöst: der Mord an deiner Freundin, sowie die Einbruchsdiebstähle auf die Villa und in der *Trémalo*-Kapelle.»

«Vielleicht sogar noch einer... zumindest, wenn ich nicht gänzlich falsch liege.»

«Hut ab, Max!», sagt Fournot. «Die Gendarmen aus Pont-Aven werden sich freuen!»

«Es war eigentlich nicht besonders kompliziert. Als Lamingue die Adresse ausspuckte, an die sie das Kind geliefert hatten, wusste ich sofort, dass mir diese Adresse irgendwie bekannt vorkam. Und das aus gutem Grund: Sylvie hatte sie mir gegeben, als sie mit ihrem Verdacht zu mir kam. Als ich gestern Abend auf dem Zöllnerpfad auf David stieß, habe ich mein Auto in dieser Straße abgestellt. Aber da wusste ich noch nicht Bescheid... Wenn ich Sylvies Informationen ernster genommen hätte, hätte ich sie vielleicht vor Schlimmerem bewahren können. Dann wäre sie noch am Leben.»

Meine Kollegen schweigen. Sie spüren, dass ich Recht habe. Den Rest der Fahrt legen wir zurück, ohne ein Wort zu sagen. Ich parke an der Straßeneinfahrt und verteile die Rollen für den Einsatz.

«Luc, du gehst zum Küstenpfad und schneidest ihnen den Rückzug ab. David, du bleibst am besten in Deckung... Sie dürften dich kennen und wissen, dass du die Untersuchung leitest. Sie sollten besser nicht in Panik geraten. Eine unspektakuläre Verhaftung wäre mir am liebsten... Ich

CHILE-CONCARNEAU

warte auf den *Commandant*. Gemeinsam gehen wir beide direkt zur Tür: Wir klingeln, und sobald sich die Tür öffnet, stürmen wir hinein.»

Pallas steigt aus dem Auto, ohne auf den Wagen des *Commandant* zu achten, der gerade um die Ecke biegt. Mit dem leichten Schritt eines Spaziergängers nähert er sich dem Strand. Als er das Ende der Straße erreicht, scheint er zu zögern: In welche Richtung soll er gehen? Mit Blick auf das offene Meer entscheidet er sich für die linke Seite und verschwindet aus unserem Blickfeld. In diesem Moment kommt der *Commandant* an. Seine kurzen Beine traben so schnell wie schon seit langem nicht mehr, und seine Arme flattern.

«Hört zu, Leute: Ich nehme die Sache selbst in die Hand. Ihr könnt sicher sein, dass alles wie am Schnürchen laufen wird! Sie, Fournot, bleiben hier. Diese Leute kennen bestimmt Ihr Gesicht. Sie bleiben hier und schauen zu, wie ich vorgehe. *D'accord*? Pallas, Sie... Wo ist er denn? Haben Sie ihn denn nicht mitgenommen? Ich dachte, ich hätte ihn vorhin gesehen.»

Es würde nichts nützen, etwas gegen den Plan des Chefs zu sagen. Außerdem entspricht sein Plan ohnehin demjenigen, den ich selbst ausgebrütet hatte. Ein wenig heuchlerisch antworte ich:

«Ich habe Pallas auf den Zöllnerpfad geschickt, *Commandant*.»

«Sie hätten auf meine Anweisungen warten müssen!», schimpft er. «Aber jetzt ist es ohnehin zu spät. Ich bin enttäuscht von Ihnen, *Capitaine*. Sie kommen mit mir, und ich würde es schätzen, wenn Sie ab jetzt nichts mehr auf eigene Faust unternehmen würden.»

CHILE-CONCARNEAU

Der *Commandant* geht mir langsam auf die Nerven. Er ist ein geltungsbedürftiger Wichtigtuer, der immer dann auftaucht, wenn es darum geht, Lorbeeren einzuheimsen. Meinen Unmut verbergend, zwinkere ich David komplizenhaft zu, bevor ich aus dem Auto steige.

Das Wohnhaus befindet sich am Ende der Sackgasse, gleich beim Küstenwanderweg. Es hebt sich von den anderen Häusern kaum ab. Merkwürdig, dass der Architekt nicht versucht hat, dieses Haus aus den sechziger Jahren mit einer persönlichen Note umzugestalten. Es besitzt zwei Stockwerke und ist teilweise durch dichte, verwilderte Vegetation verdeckt, die einen Kontrast zum frisch gemähten Rasen bildet.

«Er ist zu Hause», erklärt Bernier und streicht über die Motorhaube eines nachtblauen Peugeot 307. «Ich kenne ihn übrigens. Wir wurden einander auf einer Party bei gemeinsamen Bekannten vorgestellt. Der Name sagte mir zunächst nichts, aber jetzt erinnere ich mich an ihn und an seine Frau, und sogar an seinen Wagen.»

Das Gartentor ist geschlossen, aber nicht verriegelt. Lautlos drückt Bernier den Griff hinunter. Ein zweites Auto blockiert die Öffnung des Gartentores, so dass der Durchgang erschwert wird. Es besteht kein Zweifel, dass der Fahrer nach der Einfahrt auf das Grundstück wieder zurücksetzte. Der Weg führt zu einer Garage im Erdgeschoss des Hauses. Als ich das Gartentor schließen will, spüre ich einen Widerstand und das Gesicht von Pierre-Edouard de Vitreux de Barnac taucht auf. Ich frage ihn mit leiser Stimme:

«Was machen Sie denn hier?»

«Ich bin Ihnen mit einem Taxi gefolgt. Ich komme mit rein.»

«Das geht nicht! Diese Operation hat nichts mit unserem Fall zu tun. Verschwinden Sie!»
Pierre-Edouard schiebt einen Fuß nach vorne, sodass ich das Gartentor nicht schließen kann. Inzwischen hat auch David Fournot den Baron erkannt und eilt mir zu Hilfe. Auch er versucht, Pierre-Edouard zum Gehen zu bewegen.
«Ich muss hier mit rein», beharrt er. «Lassen Sie mich los, sonst schreie ich.»
«Was ist denn hier los?», erkundigt sich Bernier verärgert. Er befürchtet, dass der Unbekannte den Zugriff vereiteln oder erschweren könnte.
«Darf ich vorstellen, *Commandant*? Baron Pierre-Edouard de Vitreux de Barnac. Er war ein Freund von Marc Pagel, der im Hafenbecken ertrunken aufgefunden wurde.»
Berniers Gesicht leuchtet auf. Zur Begrüßung des Barons streckt er ihm seine Hand entgegen.
«Ein Baron! Wie interessant! Ich bin *Commandant* Daniel Bernier, *Capitaine* Moreaus Vorgesetzter. Maxime, warum haben Sie mir nicht erzählt, dass *Monsieur* de Vitreux ein Baron ist?»
«Nun, ich...»
«Darüber reden wir später. Wem oder was haben wir Ihre Anwesenheit denn zu verdanken, Baron de Vitreux?»
«Ich bin auf Ihrer Seite, *Commandant*. Alles, was mit dem Tod meines Freundes zu tun hat, ist für mich von größter Wichtigkeit.»
«Lassen Sie uns in Ruhe unsere Arbeit machen», fauche ich. «Wir sind nicht wegen Ihrem Freund hier. Sein Tod hat rein gar nichts zu tun mit...»
«Kommen Sie, *Capitaine*!», winkt Bernier ab. «Der Herr Baron möchte uns begleiten und uns bei der Arbeit

zusehen. Auch wenn diese Ermittlung nichts mit dem unerwarteten Tod seines Freundes zu tun hat, können wir seine Anwesenheit ausnahmsweise zulassen. Bitte, kommen Sie. *Lieutenant* Fournot, lassen Sie *Monsieur le Baron* los!»
David und ich sind sprachlos.

Geblendet vom Adelstitel des Eindringlings hat der *Commandant* eine potentielle Gefahr aus den Augen verloren: Wenn nun der Baron etwas Unerwartetes tut... David hat nun keinen Grund mehr, in Deckung zu bleiben. Zu viert steigen wir die zweiundzwanzig Stufen hinauf. Der *Commandant* mahnt uns, leise zu sein und drückt auf die Türglocke. Es dauert ewig, bis sich endlich die Tür öffnet und eine Hausbewohnerin erscheint. Es ist eine vollschlanke etwa fünfzigjährige Frau.

Sie gibt sich beunruhigt, sogar besorgt, und öffnet die Tür so wenig wie möglich.

«*Bonjour... Madame* Chauveau... Ich bin *Commandant de Police* Bernier. Ich würde mich gern mit Ihnen und mit Ihrem Mann unterhalten.»

«Aber...»

«Es tut mir leid, Madame, es muss sein.»

Mit forschem Schritt tritt der *Commandant* ein, wir folgen ihm dicht dahinter. Fassungslos über diesen „Überfall" bleibt *Madame* Chauveau stehen und fasst sich mit der Hand ans Herz. Sie schwankt, kann sich aber an einem niedrigen Schrank festhalten. Darauf stehen Klimbim aus China sowie ein Hochzeitsfoto.

«Wo ist Ihr Mann?»

Stumm blickt *Madame* Chauveau in Richtung einer Tür, die in den Keller führen dürfte. Ich gehe zur Tür, lege meine Hand auf die Klinke, da geht sie scheinbar von alleine

auf. Aus dem Stockwerk unter uns erscheint ein Mann mit einem angespannten, beinahe verlegenen Lächeln. Er ist in den Fünfzigern, glatzköpfig und korpulent, trägt eine Hose aus synthetischem Gewebe, ein bis zum Kragen zugeknöpftes Hemd sowie eine dicke Wollweste. Eine Entschuldigung murmelnd schließt er hastig die Tür und sieht seine Frau fragend an. Diese aber sagt kein Wort. Unter Nichteinhaltung der Anordnungen meines Vorgesetzten ergreife ich das Wort und wende mich an den Architekten:
«Wir sind auf richterliche Anordnung hier, *Monsieur* Chauveau. Wir haben einen Durchsuchungsbeschluss und wollen Ihr Haus durchsuchen... Sie und Ihre Frau werden in Polizeigewahrsam genommen. Wenn Sie möchten, können Sie Ihren Anwalt benachrichtigen oder eine Person Ihres Vertrauens hinzuziehen.»

Der Architekt schweigt. Als ihm klar wird, dass seine Frau nicht Partei für ihn ergreift, brüllt er:

«Was glauben Sie eigentlich, wen Sie vor sich haben? Ich bin eine prominente Persönlichkeit und in den oberen Kreisen sehr einflussreich.»

Chauveaus Verhalten passt mir gar nicht. Trotzdem bemühe ich mich, einen kühlen Kopf zu behalten.

«Während der Durchsuchung müssen Sie anwesend sein. Wohin führt diese Tür?»

«In mein Büro», antwortet Chauveau souverän. «Ich habe nichts zu verbergen, Sie bemühen sich umsonst.»

Ich bin nicht gewillt, unsere Zeit mit unnötigem Gerede zu verschwenden und werfe Chauveau einen abfälligen Blick zu. Bevor ich über die Wendeltreppe hinuntersteige, lasse ich Fournot wissen, dass er oben bleiben soll. Chauveau versperrt mir den Weg. Mit einem Stoß mit der

Schulter drücke ich ihn beiseite und ignoriere seinen Protest. Gewohnheitsmäßig zähle ich die Stufen, wieder sind es zweiundzwanzig, und erreiche einen nicht sehr großen Raum, vom Tageslicht teilweise erhellt durch zwei vergitterte Kellerfenster. Ich schalte das Licht ein. Im Schein der Halogenlampe nehme ich den Raum in Augenschein. Die Einrichtung besteht aus einem Schreibtisch, einem Schreibtischstuhl, einer Kommode und einem Zeichentisch. Der Boden ist mit einem lachsfarbenen Teppich ausgelegt.

Die Garage ist durch eine Trennwand bestehend aus einem imposanten Bücherregal vom Büro getrennt. An der Wand mit den Kellerfenstern und an der gegenüberliegenden Wand hängen Bilder von ägyptischen Pyramiden. Überrascht bin ich von der Wand hinter dem Schreibtisch: Sie ist mit dem riesigen Poster eines amerikanischen Films aus den fünfziger Jahren fast vollständig bedeckt. Mein Instinkt zieht mich dorthin. Ich schaue die Wand genau an und taste daran herum. Aber sie scheint kein Geheimnis zu bergen.

Ich hatte gehofft, die Chauveaus schnell entlarven zu können. Anzeichen von Missmut machen sich in mir breit. Mir bleibt nur zu hoffen, dass ich wenigstens in der ersten oder zweiten Etage etwas entdecken kann. Das Geschimpfe oben hat inzwischen aufgehört. Auf der Treppe höre ich ein Geräusch. Ich gehe hin, um den Ankömmling zu begrüßen. Bevor ich aber ein Gesicht sehe, erkenne ich Chauveaus Hose. Mein Blick bleibt an einem hellen Fleck an seinem rechten Knie haften. Da wird mir klar, dass ich fast am Ziel sein muss: Am Fuß des Plakats liegt nämlich derselbe Zementstaub wie der auf der Hose des Architekten, ein unpässlicher Fleck in einem so ordentlichen Haushalt.

CHILE-CONCARNEAU

«*Alors!*», schimpft Chauveau laut. «Sie sehen doch, dass hier nichts ist. Sie werden es noch bereuen, dass Sie...»
«Behalten Sie Chauveau im Auge», rufe ich Bernier zu, der nun dazukommt, gefolgt von Pierre-Édouard und *Madame* Chauveau.

Dem Architekten baue ich noch einmal eine Brücke: «Es ist immer noch Zeit, reinen Tisch zu machen... Ersparen Sie uns die Zeitverschwendung! Sagen Sie uns, wo Sie ihn versteckt halten.»

«Sie irren sich, *Monsieur*. Ich habe niemanden versteckt. Ich werde meinen Anwalt...»

Seine trotzige Haltung ärgert mich. Er tut so als sei er ein Unschuldslamm! Es ist zum Davonlaufen! Wütend schlage ihm meine Faust aufs Kinn. Mit ausdruckslosem Blick fällt Chauveau vor der Kommode der Länge nach auf den Boden. Aufheulend bahnt sich *Madame* Chauveau einen Weg zwischen Pierre-Édouard und dem *Commandant* und kniet sich neben ihm nieder. Über die Proteste meines Vorgesetzten setze ich mich hinweg, kehre zur Wand zurück und nehme sie erneut unter die Lupe. Ich klopfe an mehreren Stellen gegen die Wand, aber jedes Mal ertönt nur ein dumpfer Ton. Das Stimmengewirr im Raum hindert mich daran, gründlich zu arbeiten. Ich verlange energisch um Ruhe.

Ohne auf Berniers empörten Gesichtsausdruck zu achten, mache ich mich wieder an die Arbeit. Systematisch vorgehend drücke ich mein Ohr an verschiedene Stellen der Trennwand und klopfe mit den Fingerspitzen verschiedene Stellen ab. Aber überall erhalte ich nur einen dumpfen Ton. Als ich gerade resigniert aufgeben will, fällt mir in Hüfthöhe eine leichte Mulde auf. Hätte ich nicht mein Ohr an das Plakat gehalten, wäre sie mir wahrscheinlich gar nicht aufgefallen. Ein rundes Loch mit einem Durchmesser von wenigen Millimetern wurde in den schwarzen Rahmen, der das Plakat umgibt, gebohrt. Da die Innenseite des Lochs mit der Farbe des Rahmens gestrichen wurde, ist es fast unsichtbar. Mithilfe meiner Bleistiftlampe, ein Geschenk von Murielle, nehme ich das Loch unter die Lupe. Am Boden des Lochs vermute ich eine kleine Klappe, die Zugang zu einem Öffnungsmechanismus geben könnte. Im Kofferraum meines Peugeots habe ich immer eine Werkzeugkiste. Mir fällt ein, dass sich in der Kiste ein ziemlich dünner Schraubenzieher befindet. Ich versichere Bernier, dass ich nur kurz etwas aus dem Auto holen müsse und laufe los. Als ich wieder zurück bin, liegt Lucien Chauveau immer noch vor der Kommode. Seine Hand haltend weint Clotilde an seiner Seite wie ein kleines Mädchen. Ich habe ihm zwar einen gutsitzenden Haken verpasst, aber ihn derart auszuknocken, das wollte ich nicht… Mir war gar nicht bewusst, dass ich eine solche Kraft habe! Während ich weg war, haben der *Commandant* und Pierre-Edouard einen Blick in die Garage geworfen, in die man durch eine schmale Tür gelangt. Sie berichten, dass ihnen nichts Besonderes aufgefallen sei. Sie beobachten, wie ich in die Hocke gehe und versuche, die kleine Klappe mit dem Ende des Schraubenziehers anzuheben. Wie ich vermutet habe, verbirgt sich hier offensichtlich ein Schraubenkopf. Ich setze den flachen Teil des Schraubenziehers in den Schlitz und drehe ihn gegen den Uhrzeigersinn. Nun passiert etwas Unglaubliches: Die gesamte Wand dreht sich. Ich habe es geschafft! Doch als ich gerade aufstehen will, ist plötzlich ein krächzender Schrei zu hören und zwei aufeinander folgende Schüsse fallen. Ich rolle mich auf dem Boden zur Seite, greife nach meiner Waffe und gehe in Schussposition. Im Bruchteil einer Sekunde checke ich den Raum ab und mir wird klar, dass wir nur knapp einem Blutbad entronnen sind. Chauveau war offensichtlich wieder zur Besinnung gekommen und hatte die Gelegenheit genutzt, als ich mit seinem selbstgebastelten System beschäftigt war. Während auch Bernier und de Vitreux gespannt auf das Ergebnis meiner Bemühungen warteten und mich nicht aus den Augen ließen, hatte Chauveau aus der obersten Schublade der Kommode eine Waffe hervorgeholt. Er hatte mich treffen wollen. Erst als David Fournot am Fuße der Treppe laut schrie, wurde Pierre-Édouard auf das Geschehen aufmerksam, stellte sich Chauveau in den Weg und wurde von der für mich bestimmten Kugel in den Oberschenkel getroffen. Reaktionsschnell schoss David daraufhin dem Architekten in den Arm, bevor dieser weiterballern konnte. Wir sind noch einmal mit dem Schrecken davongekommen. Und ich war so dumm und hatte ihm verboten, mit uns das Haus zu betreten! Abermals bedarf es keiner langen Reden zwischen uns: Der Baron weiß, wie unermesslich dankbar ich ihm bin. Ohne eine Sekunde zu verschwenden und Chauveau mit seiner Waffe in Schach haltend, tut David das einzig Richtige: Er schnappt sich dessen Revolver. Clotilde Chauveau, durch die Schüsse und den Geruch des Schießpulvers vollkommen verängstigt, jammert zusehends lauter und wirft sich heulend auf ihren Mann.

Nur eine Person hat sich während der ganzen Zeit nicht vom Fleck gerührt: Der wenig handlungsfreudige Bernier hat den Geschehnissen tatenlos zugesehen, als wäre er wie betäubt. Ich drücke ihm meine Sig-Sauer SP in die Hand, rate ihm, rasch einen Krankenwagen zu rufen und kehre zu der freigelegten Öffnung zurück. Was ich zu sehen bekomme, ist schlimmer als erwartet: Ein kleiner Junge, vielleicht sechs Jahre alt, liegt auf dem Boden auf einer Matratze. Der Raum ist eineinhalb mal drei Meter groß und enthält neben der Matratze eine umgedrehte Kiste, auf der neben einer Flasche Wasser eine Banane, ein Apfel und mehrere Portionen Käse liegen. Als mich das Kind erblickt, weicht es zurück, drückt sich mit dem Rücken gegen die Wand und zittert heftig. Aus seinen Augen spricht eine unsagbare Angst. Ich kann sogar hören, wie er mit seinen Zähnen klappert. Um den Jungen nicht noch weiter in Panik zu versetzen, warte ich ein wenig.

Währenddessen klingelt es an der Tür.

Anschließend kommt David, dicht gefolgt von einer Frau, ins Zimmer zurück. Es ist die zuständige Person vom Sozialamt, deren Hilfe ich vor dem Einsatz bereits bei der Staatsanwaltschaft beantragt hatte. Ich fordere sie auf, näher zu kommen und zeige ihr das Versteck. Die Dame kniet am Eingang nieder und spricht leise mit dem Jungen. Ich begebe mich zu Chauveau hinüber. David hilft ihm, aufzustehen, nachdem er ihm Handschellen angelegt hat.

«Ihr Spiel ist aus!»

XIII

Als ich wieder in der *Avenue de la Gare* Nummer eins eintreffe, fühle ich mich zwischen zwei widersprüchlichen Gefühlen hin- und hergerissen. Einerseits bin ich unendlich erleichtert darüber, dass das Ehepaar Chauveau nun endlich gefasst ist. Das physische und psychische Leiden des kleinen Jungen ist nun vorbei. Andererseits träume ich davon, Olivier Lamingue die Kehle abzuschnüren. Aber ich muss meine aufsteigende Wut mit zusammengebissenen Zähnen zügeln. Bei dem Gedanken, ihn erneut in meinem Büro zu verhören, überwältigt mich eine Welle des Zorns. Ich frage mich, ob ich überhaupt in der Lage bin, die Vernehmung vorschriftsmäßig durchzuführen.

Lamingues Geständnis hat zwar endlich Licht ins Dunkel gebracht, aber er hat die Auslieferung des kleinen Jungen an seine Missbraucher ausgeführt. Lamingue und sein Gefolgsmann Richard Berthou haben einen Schneeballeffekt ausgelöst, der zum Mord an Sylvie führte. Wenn ich über die Ergebnisse unserer Ermittlungen und die Einzelheiten dieses Falls nachdenke, wird mir klar, dass eine Reihe von Zufällen den Tod meiner Freundin zur Folge hatte. Aufgrund ihres Berufes war Sylvie die Verurteilung von Clotilde und Lucien Chauveau wegen Pädophilie bekannt. Als sie zufällig sah, wie die Frau Kinderunterwäsche kaufte, ahnte sie, dass da etwas im Busch sein muss. Sie wusste genau, wie sehr ich mit meiner Arbeit beschäftigt war und hatte wohl beschlossen, auf eigene Faust zu handeln: Sie begann, das Paar zu bespitzeln. Die Überwachung war von den Chauveaus nicht unbemerkt geblieben. Um den Verdacht von sich abzulenken und Sylvie in Sicherheit zu wiegen, verhielten sie sich wie ganz normale Menschen, die ihr gewohntes Leben führen. Und dann kam es zum Eklat: Das Verschlusssystem des Verstecks des Jungen war defekt. Dieser nutzte die Gelegenheit, kroch ins Büro des Architekten und kletterte dort auf die Kommode. Sein Gesicht befand sich nun auf der Höhe des Kellerfensters. Als *Madame* Chauveau ihm sein Essen bringen wollte, fand sie ihn dort nach draußen blickend vor und schlug Alarm. Das Kellerfenster liegt auf der Seite des Küstenwanderwegs. Sylvie hatte wohl das Gesicht des Jungen gesehen, wusste nun, dass sich im Haus der Chauveaus ein Kind befand und wählte meine Telefonnummer. Dann nahm die Sache ihren schlimmen Lauf: Lucien Chauveau hatte sie bemerkt, eilte zur Tür hinaus und erreichte den Küstenweg durch das Törchen im hinteren Teil des Gartens. Er überraschte Sylvie, als sie mit mir telefonierte und brachte sie deshalb zum Schweigen.

Die beiden Verletzten, Lucien Chauveau und Pierre-Edouard de Vitreux, wurden nach Quimper ins Krankenhaus gebracht. *Lieutenant* Luc Pallas und *Commandant* Victor Bernier begleiteten sie: Pallas sollte vor allem den Pädophilen bewachen, während Bernier eine plötzliche Freundschaft mit dem Baron entwickelte.

Lamingue wird von einem der Polizeibeamten in mein Büro gebracht und auf den Stuhl gedrückt. Die Handschellen werden ihm abgenommen und der Polizeibeamte lässt sie rein zufällig ein paar Sekunden lang neben seinem Ohr klimpern. Ich ziehe meine Jacke aus und stelle mich

mit verschränkten Armen ans Fenster. Als sich unsere Blicke begegnen, lächle ich Lamingue wohlwollend an.
«*Eh bien voilà!* Wir stehen kurz vor dem Abschluss des Falls. Das Kind ist übrigens in Sicherheit. Und was seine Peiniger angeht: Die werden so schnell nicht wieder auf freiem Fuß sein. Meine Kollegen in Nantes beschäftigen sich momentan intensiv mit den Personen, deren Namen in Berthous Notizbuch stehen. Auch sie sind mit ihren Überprüfungen fast durch, zumindest was die Dinge betrifft, die nach deiner Fahrt nach Nantes passiert sind. Was davor geschah, darum kümmern wir uns jetzt. Und zwar sofort! Es ist im Grunde genommen nicht sehr schwierig: Ich brauche nur einen Namen. Und diesen Namen wirst du mir liefern: Von wem hattet ihr das Kind und das Filmmaterial? Mach es uns beiden doch nicht so schwer: Am besten kooperierst du weiterhin mit uns!»

Es steht Lamingue ins Gesicht geschrieben, dass er nicht vorhat, sich geschlagen zu geben. Allerdings leiden vielleicht genau in diesem Moment weitere Kinder in der Obhut von Sexualstraftätern. Ich muss ihn weichkriegen.

«Leg mir die Karten offen auf den Tisch…! Was du getan hast, ist schlimm, sogar sehr schlimm, aber nicht so schlimm wie die Verbrechen derer, die wir heute Nachmittag dank deiner Informationen eingelocht haben. Erinnerst du dich an mein Blatt Papier mit den zwei Spalten? Deine schmutzigen Geschäfte kosten dich, sagen wir, fünf Striche in der Minus-Spalte. Für dein Geständnis kriegst du zwei Striche in der Plus-Spalte. Ein Gleichgewicht kannst du zwar nicht mehr erreichen, das wirst du wohl wissen, aber mit ein wenig gutem Willen kannst du den Schaden begrenzen. Du hast mehr zu gewinnen als zu verlieren. So wie es momentan aussieht, wanderst du sieben, acht Jahre ins Gefängnis. Wenn du mir deine Quelle verrätst, kannst du deinen Aufenthalt hinter schwedischen Gardinen ohne deine Frau und deine Töchter um drei Jahre reduzieren...»

Seine Schultern sind zusammengesackt und seine Augen starr auf die Wand hinter mir gerichtet. Seine klammen Hände wischt er sich an der Hose ab, und auf seiner Stirn und seinen Nasenflügeln stehen Schweißperlen.

Ich stelle mir vor, wie sein Gehirn auf Hochtouren arbeitet. Allerdings wird er seine Lage nicht mit kühlem Kopf analysieren können. Vielleicht kommt mir das entgegen.

«Kennst du das *L'Hermitage* in Brest? Da drin sieht es nicht gerade aus wie im *Ritz*! Aus „Kundensicht" ist es nicht gerade das Beste, was man kriegen kann! Bisher hast du dich mit einem Haufen kleiner, hinterlistiger Dunkelmänner herumgetrieben. Aber jetzt geht es erst richtig los! Du wirst bestimmt einigen bulligen Typen begegnen, die dir gerne helfen, das Zusammenleben in der Gemeinschaft zu genießen. Von der ersten Nacht an, da kannst du sicher sein, wirst du erfahren, was im Knast los ist!»

Meine Worte erzielen den gewünschten Effekt. Lamingue fängt wie ein Kind an zu schluchzen.

«Ich übertreibe nicht, mit dem was ich sage. Was ich dir da erzähle, ist die Wahrheit. Manchen sagt dieses Programm ja zu. Ich kannte mal einen, der seine emotionalen Bedürfnisse scheinbar im Knast am besten befriedigen konnte, denn er beging eine Dummheit nach der anderen. Wenn dir das nichts ausmacht, dann mach weiter so. Ansonsten: Schieß endlich los, ich höre.»

Wieder zögert er. Aber ich spüre, dass er langsam bereit ist, einzulenken.

«Du hast die Wahl zwischen zwei Möglichkeiten. Du hältst die Klappe und sitzt dafür die Höchststrafe ab, oder du redest und bekommst drei Jahre geschenkt. Der Leiter des *L'Hermitage* ist übrigens ein Freund von mir. Ich kann dafür sorgen, dass du eine halbwegs komfortable Zelle bekommst. Und Mithäftlinge, die sich gesittet benehmen.»

Lamingue fährt sich mit dem Ärmel über das Gesicht, stößt hörbar den Atem aus und beginnt zu reden. Viel sagt er nicht. Er nennt mir den Ort, an dem er und Berthou das Kind in Empfang genommen haben und verrät mir den Namen des „Lieferanten".

XIV

Wenn es nach mir ginge, würde ich mir den von Lamingue angeprangerten Transportbeauftragten vorknöpfen. Am liebsten würde ich ihn schlagen, bis die Fäuste schmerzen... Tief im Innern weiß ich natürlich, dass eine solche wenig pflichtbewusste Vorgehensweise bestimmt nicht zum Erfolg führt: Nur eine diskrete Überwachung gibt uns die Möglichkeit, das nächste Glied in dieser kriminellen Kette aufzuspüren. Außerdem befinden sich laut Lamingue keine weiteren Kinder in der Obhut von Sexualstraftätern.

Nachdem der Staatsanwalt eine vorläufige Unterbringungsverfügung ausgestellt hatte, wurde der kleine Junge von der Vertreterin des Sozialamts einem Heim anvertraut. Geduldig gelang es dieser Dame, sein Vertrauen zu gewinnen und ihn zum Sprechen zu bringen. Dazu war allerdings die Hilfe eines Dolmetschers nötig, denn es stellte sich heraus, dass der Junge, Javier, aus Chile stammt. Psychologen und Kinderpsychiater werden versuchen, die Erinnerungen des Jungen an seine Torturen aufzuarbeiten. Mit der Zeit werden sie ihm hoffentlich helfen können, seinen Schmerz zu kontrollieren und ihn erträglicher zu machen.

Pallas und Fournot beobachten abwechselnd die Gewohnheiten des Verdächtigen. Ich selber beginne am Morgen nach der Doppelverhaftung eine langwierige und mühsame Reihe von Überprüfungen und Kontrollen, die immer wieder von Anrufen unterbrochen werden. Ich erfahre von der *Gendarmerie Maritime*, dass in der Nacht, in der der kleine Javier und das kinderpornografische Film- und

CHILE-CONCARNEAU

Bildmaterial geliefert wurden, ein Frachtschiff nahe an den *Glénan*-Inseln vorbeifuhr. Dies wäre den Behörden vermutlich verborgen geblieben, wenn es nicht einen Beinahe-Zusammenstoß mit einem Ringwadenfischer gegeben hätte: Die Positionslichter des Frachtschiffes waren nämlich ausgeschaltet gewesen. Nach diesem Beinahe-Crash ließ der Kapitän des Frachters die Lichter anschalten und entschuldigte sich per Funk beim Kapitän des Fischerbootes. Der Fischer wiederum ließ sich den Namen und den Heimathafen des Frachtschiffes geben und benachrichtigte die Schifffahrtsbehörde, sobald das Amt frühmorgens wieder besetzt war. Recherchen ergaben, dass es sich um ein Schiff aus Southampton handelte, das nach Bordeaux unterwegs war. Es fährt unter chilenischer Flagge, und Javier kommt aus Chile. Langsam komme ich der Sache auf die Spur.

Von der Versicherungsgesellschaft Lloyd's erhalte ich die Kontaktdaten der Reederei: Die *Parda Sea* hat ihren Sitz in Valparaiso und besitzt fünfzehn Frachtschiffe. Ich bitte darum, besagte Schiffe zu orten. Während ich auf die Rückmeldung warte, fällt mir ein chilenischer Kollege ein, der mir vielleicht Auskünfte über die Reederei geben kann.

Ich hatte ihn vor einigen Jahren auf einem Kongress der *International Police Association* in Berlin kennengelernt. Dabei handelt es sich um eine internationale Berufsvereinigung, die freundschaftliche Verbindungen zwischen Polizeibediensteten in der ganzen Welt unterstützt. Schon seit Beginn meines Berufslebens gehöre ich dieser Vereinigung an. Zufällig saßen wir auf dem Kongress nebeneinander. Wenn uns die Vorträge der Redner langweilten, sprachen wir über unsere jeweiligen Erfahrungen, unsere Arbeitsbedingungen sowie über die Bereicherung unseres

Berufes durch die Wissenschaft und die Technik. Wir unterhielten uns abwechselnd auf Französisch und auf Spanisch und verbesserten auf diese Weise unsere Sprachkenntnisse. Mit der Zeit freundeten wir uns an und verbrachten die Abende zusammen. Am Ende der Tagung tauschten wir unsere Adressen und Telefonnummern aus. Seine Kontaktdaten habe ich schnell bei der Hand und rufe ihn an:
«Carlos? Carlos Gimenez?»
«*Sí*», antwortet eine schläfrige Stimme.
«*Bonjour*. Maxime Moreau, aus Frankreich. Erinnerst du dich an mich? Wir haben uns vor drei Jahren in Berlin kennengelernt, auf dem IPA-Kongress.»
«*Sí*, Max! Aber du weißt schon, dass es bei uns in Chile sechs Uhr morgens ist?»

Den Klang seiner Stimme habe ich noch immer im Ohr. Seine unverwechselbare Art, jedes *R* ratternd im Mund zu rollen, amüsiert mich und versetzt mich drei Jahre zurück.

«Ja, das weiß ich natürlich. Aber du kennst doch das Sprichwort: Der frühe Vogel fängt den Wurm.»
«Das ist aber kein chilenisches Sprichwort!»
«Sorry, aber ich brauche deine Hilfe sofort, mein Freund.»
«O.K., Ich stehe dir zur Verfügung.»
«Also hör zu: Ich brauche Informationen über die Reederei *Parda Sea* in Valparaiso. Schon mal von denen gehört?»
«Von der Reederei nicht, aber Juan Manuel Parda sagt mir etwas.»
«Was weißt du über ihn?»
«Er ist ein großer Fisch hier in Chile. Ihm gehören die *Parda Bank*, die *Parda Television*, eine große Spedition, sowie das Filmstudio *Parda Films*... Und sicher hat er auch

bei weiteren Firmen seine Finger drin. Wir wissen sogar, dass er sein Imperium auch mit schmutzigen Tricks aufgebaut hat. Bisher waren wir allerdings nicht in der Lage, ihm irgendetwas nachzuweisen und haben es noch nicht geschafft, ihn außer Gefecht zu setzen. Er hat sehr gute Kontakte, auch zu einflussreichen Politikern. Was interessiert dich denn an der Reederei von Parda?»

Ich erzähle ihm von meinen Ermittlungen und von meinem Verdacht. Gimenez geht ernst auf die Tatsachen ein: «Ich habe schon davon gehört, dass er mit kinderpornografischen Filmen handelt. Einige meiner Kollegen sind schon lange auf der Suche nach handfesten Beweisen. Aber selbst wenn sie hieb- und stichfeste Beweise hätten... Parda gilt in Chile als unantastbar.»

Ein paar Sekunden der Stille treten ein... Dann höre ich Gimenez laut seufzen.

«Was hast du jetzt vor? Meinst du, dass du eine Beweiskette hinkriegst, die bis zu Parda führt?»

«Vielleicht. Ich werde beweisen müssen, dass er von den schmutzigen Geschäften auf seinem Schiff wusste.»

«*Dios mío*! Ich traue Parda zu, dass er in so weitverzweigte und so abstoßende Machenschaften verwickelt ist. Dass der Kapitän eines seiner Frachtschiffe einen so gefährlichen Plan auf eigene Faust ausheckt, kann ich mir nicht vorstellen. Zumindest nicht, ohne dass Parda Wind davon bekommen würde.»

«Du hast sicher recht. Zu Vieles müsste sonst ohne sein Wissen abgelaufen sein, von der Herstellung der Filme bis zu ihrem Vertrieb.»

«Das kann also nur bedeuten, dass er bei euch vor Ort ein Team installiert hat, das viele Kontakte in Frankreich und sicher auch in anderen Ländern pflegt. Parda kennt eine Menge Leute. Übrigens nicht nur in Chile.»

«Hast du vielleicht ein Bild von ihm? In Chile scheint er ja wie ein bunter Hund bekannt zu sein. Aber hier in Frankreich kennt ihn keiner. Ich muss gestehen, dass auch ich bis heute Morgen nicht wusste, dass es ihn gibt.»

«Kein Problem. Wohin soll ich das Bild schicken?»

Ich gebe ihm die Kontaktdaten. Mit dem Versprechen, in Verbindung zu bleiben, beenden wir das Gespräch.

Ich bitte Fournot, etwas zu überprüfen, gönne mir einen Kaffee, und melde mich dann bei der Gendarmerie in Pont-Aven:

«*Bonjour, mon Adjudant.* Leiten Sie die Untersuchung zu dem verschwundenen Christus aus der *Trémalo*-Kapelle?»

«Sind Sie das, *Capitaine* Moreau? Ja, so ist es.»

«Wie Sie wissen, haben die beiden Ganoven in der gleichen Nacht auch einen Einbruch in eine Villa auf dem Gewissen. Meine Kollegen in Versailles haben eine Durchsuchung in einem Antiquitätenladen durchgeführt. Dort fanden sie alles, was aus der Villa gestohlen wurde. Nur die Gemälde waren nicht dabei. Mit Hilfe von Phantombildern konnten wir die Diebe jedoch identifizieren und aufspüren. Einer ist inzwischen verstorben, aber der andere hat ein Geständnis abgelegt: Wir wissen jetzt, wo die Bilder sind.»

«Bei Ihnen sind die Ermittlungen also schon beendet...»

Vom Korridor aus gibt mir David mit nach oben gerichtetem Daumen zu verstehen, dass er seine Überprüfung abgeschlossen hat.

«Für Sie auch, denn der Christus und die Gemälde sind derzeit im Besitz des privaten Sammlers, der die Bestellung

CHILE-CONCARNEAU

aufgegeben hat. Ich schlage vor, dass Sie mit uns zusammen die Verhaftung vornehmen.»

Der *Adjudant* aus Pont-Aven ist einverstanden, fragt jedoch ein wenig verdutzt:

«Wieso wollen Sie...?»

«Machen Sie sich keine Gedanken, *Adjudant*. Da gibt es nichts zu verstehen. Haben Sie heute Nachmittag Zeit?»

«Äh, ja...»

«Gut, dann kommen Sie gegen dreizehn Uhr dreißig nach Concarneau. Bis dahin besorge ich eine richterliche Anordnung. Übrigens: Einer Ihrer Männer sollte Sie begleiten. Und versuchen Sie, den Bürgermeister von Pont-Aven zu überreden, ebenfalls dabei zu sein.»

*
* *

Wie so oft bei diesem verdammten Job hatte ich als Mittagessen wieder mal nur ein Sandwich und einen Kaffee.

Ich bin gerade dabei, die letzten Dinge für unseren kommenden Einsatz vorzubereiten, als *Lieutenant* Frédéric Gaubert vorbeikommt. Nach zwei Wochen Urlaub ist er wieder einsatzbereit und außerdem perfekt gebräunt. Mit seinem Engelsgesicht, seinen blauen Augen und seinen makellosen Zähnen ist er auf dem besten Wege dazu, wieder mal ein paar Frauen schwach zu machen.

Ich erzähle ihm, was während seiner Abwesenheit passiert ist. Er kann es nicht fassen.

«Das begreife, wer will! Hier in Concarneau passiert nie etwas, und kaum bin ich in Urlaub, gibt es endlich etwas Interessantes zu tun. Als ob man mich nur eingestellt hätte, um mich um Trunkenbolde oder Jugendliche zu kümmern.»

CHILE-CONCARNEAU

«Freu dich, dass du dabei sein wirst, wenn wir den finalen Schlag tun. Zuvor müssen wir aber einen Verdächtigen beobachten und darauf warten, bis der die ganze Maschine in Bewegung setzt. Der Rest ergibt sich von selber. Hier, sieh dir mal dieses Schmuckstück an!»
«Wow! Was hat es denn damit auf sich?»
«Das ist die Sig-Sauer SP, die unsere alte *Manurhin* ersetzen wird.»
«Zig-Zauer?»
«Nicht Zig, Sig-Sauer SP! Deutsches Fabrikat, neun Millimeter, fünfzehn Schuss im Magazin... Das Beste vom Besten!»
«Wo ist denn meine neue Waffe? In meinem Schrank liegt sie auf jeden Fall nicht.»
«Du wirst dich noch ein paar Monate gedulden müssen, Fred. Ich habe meine gerade erst bekommen und bin bisher der Einzige, der eine hat.»
«Wieso das denn? Hat der *Commandant* auch noch keine?»
«Nein, nicht einmal der! Und, unter uns, wozu sollte er sie denn brauchen? Ich bin sicher, dass seine *Manurhin* seit langem unbenutzt in seinem Schrank liegt.»
«Aber warum hast du schon eine?», fragt er mich, den Blick fasziniert auf die Waffe gerichtet.
«Die kriegen nur außergewöhnliche Polizisten!», prahle ich. «Aber jetzt wird es Zeit, Luc abzulösen! Er sitzt in seinem Auto auf dem Parkplatz der Touristeninformation. Er wird dir vor Ort erklären, worum es geht.»
Als Gaubert mein Büro verlässt, stößt er fast mit dem *Adjudant* Pedretti, dem ihn begleitenden Gendarm und dem Bürgermeister von Pont-Aven Pierre-Yves Le Sellin

zusammen. Letzteren kenne ich vom Sehen. Ich stehe auf und gehe ihnen entgegen. Wir begrüßen uns freundlich per Handschlag, dann rufe ich Fournot an:

«David, gehst du schon mal zu *Docteur* Cohens Praxis und vergewisserst dich, ob er seine Sprechstunde schon beendet hat? Wenn ja, gib mir bitte Bescheid.»

Jetzt wende ich mich meinen Besuchern zu.

«Danke, dass Sie gekommen sind, *Messieurs*. Ich habe den Durchsuchungsbeschluss erhalten: Wir dürfen das Haus des Verdächtigen unter die Lupe nehmen. Sie, *Monsieur le Maire*, müssen natürlich draußen warten. Wenn er merkt, dass er aufgeflogen ist, könnte er gewalttätig und gefährlich werden. Wir rufen Sie dann herein, wenn wir alles unter Kontrolle haben.»

Le Sellin nickt verständig und ich wende mich an die Gendarmen:

«Es ist sehr wahrscheinlich, dass er die Gemälde und den Christus in seinem Haus und nicht in seiner Praxis versteckt hat.»

«Er hat die Bilder sicher nicht in seiner Praxis aufgehängt», meint der *Adjudant* ironisch.

«Wenn ich Sie recht verstehe», unterbricht der Bürgermeister von Pont-Aven, «ist *Docteur* Cohen Ihr Verdächtiger. Wie kommen Sie darauf, ausgerechnet ihn zu beschuldigen?»

Mit einem Lächeln auf den Lippen verschränke ich die Arme vor der Brust und erkläre:

«Das ist eine lange Geschichte, *Monsieur le Maire*. Es bedurfte vieler Überprüfungen, Beschattungen, Befragungen und Verhöre, um nach und nach alle Informationen zusammenzutragen. Der Arzt ist eindeutig in den Fall verwickelt. Zwar nur wegen Hehlerei, aber seine Beteiligung ist unbestritten. In diesem Zusammenhang, und da Sie mir die Gelegenheit geben, möchte ich die hervorragende Arbeit und Professionalität von *Adjudant* Pedretti besonders hervorheben. Ohne seinen unschätzbaren Einsatz hätten wir Cohen und seine Komplizen womöglich nie gefasst.»

Pedretti ist so überrascht von meinem Lob, dass er keinen Ton über die Lippen bringt. Sein Untergebener erhofft sich eine Erklärung: Sein Blick wandert von meinem Gesicht zu dem von Pedretti und wieder zurück. Dann lobt auch Le Sellin den *Adjudanten*:

«Bravo, *mon Adjudant*! Ihre hervorragende Leistung bei diesem Fall wird den Ruf Ihrer gesamten Dienststelle stärken.»

Pedretti nimmt das Kompliment gelassen an und setzt eine bescheidene Miene auf. Nun lege ich noch einen Zacken drauf:

«*Adjudant* Pedretti ist von Natur aus zurückhaltend, *Monsieur le Maire*. Seine Diskretion und Bescheidenheit machen ihm alle Ehre. Während manch einer sein Licht nicht unter den Scheffel stellen würde, zieht er es vor, einfach seine Arbeit zu machen.»

«Ich verstehe, *Capitaine* Moreau. Ich werde persönlich dafür sorgen, dass seine Vorgesetzten informiert werden. Und dem Stadtrat werde ich auch berichten, welch gute Arbeit Sie geleistet haben, lieber *Adjudant*.»

«Ich finde, Herr Bürgermeister, dass eine Beförderung angebracht wäre.»

«Ich werde mein Bestes tun. Allerdings liegt diese Entscheidung nicht bei mir, weil…»

CHILE-CONCARNEAU

Das Klingeln des Telefons unterbricht ihn. Pedretti wartet zweifelsohne darauf, mich unter vier Augen sprechen zu können: Er versteht einfach nicht, worauf ich hinauswill. Bevor ich den Anruf annehme, sage ich noch zum Bürgermeister:
«Der *Adjudant* wird Ihnen zu einem späteren Zeitpunkt bestimmt mehr über diesen Fall berichten. - *Allô?*»
«Hallo, Max. Der Arzt ist nicht mehr in seiner Praxis.»
«Alles klar. Dann treffen wir uns in *Lanadan*. Am besten wartest du unbemerkt an der Straßeneinfahrt auf uns.»
Zu meinen Besuchern sage ich:
«Gehen wir, meine Herren. Das ist der letzte Akt in unserem Fall.»

*
* *

Fournot sitzt an vereinbarter Stelle in seinem Wagen. Wir lassen unsere Fahrzeuge in einiger Entfernung stehen und gehen zu Fuß weiter. Pierre-Yves Le Sellin will nun doch bei der Verhaftung dabei sein, aber schließlich gibt er klein bei und zündet sich eine Zigarette an. Sein Blick folgt uns, als wir hineingehen. Pedretti nutzt die Gelegenheit und schließt zu mir auf.
«Könnten Sie mir erklären, was das eben sollte, *Capitaine* Moreau? Sie wissen doch, dass ich mit dieser vorläufigen Festnahme nichts zu tun hatte. Um ehrlich zu sein, ich weiß ich nicht einmal, warum ich bei diesem Einsatz mit dabei bin.»
«Ich dachte mir, es könnte Ihnen und Pont-Aven guttun,

wenn der Erfolg dieser Aktion Ihnen zugeschrieben wird. Auch wenn Sie nicht verstehen, warum ich das tue... Ich bitte Sie, es sich nicht anmerken zu lassen. Rufen Sie mich nach dem Einsatz an: Ich werde Ihnen einige Details für Ihren Bericht zukommen lassen.»

Adjudant Pedretti nickt stirnrunzelnd.

David Fournot und der andere *Gendarm* aus Pont-Aven schließen zu uns auf.

Durch ein halboffenes Fenster kommen Klaviertöne. Als ich an der Tür läute, hört das Klavierspiel auf. Ein paar Sekunden später öffnet uns eine Frau. Verwundert blickt sie uns an.

«*Madame* Cohen? Polizei. Wir würden gerne mit Ihrem Mann sprechen.»

Binnen Sekunden scheint *Madame* Cohen zu altern. In ihren Augenwinkeln werden zahlreiche Falten sichtbar, ihre Wangen scheinen zusammenzusacken und ihr gespieltes Lächeln erstarrt zu einer Grimasse.

Wir treten unaufgefordert ein und verteilen uns im Haus. *Docteur* Cohen sitzt am Esszimmertisch und mustert uns durch seine kleine Brille. Unser Eindringen bringt ihn so aus der Fassung, dass ihm der Mund offen stehen bleibt, obwohl er gerade dabei war, genüsslich in eine Scheibe Brot zu beißen. Ich wünsche ihm einen guten Appetit. Dann nenne ich ihm den Grund für die Hausdurchsuchung und kläre ihn über seine Rechte auf.

Langsam legt er sein Brot auf den Teller. Er stützt die Hände auf, drückt sich hoch und steht schließlich schwerfällig auf.

«Kommen Sie.»

Im Gänsemarsch folgen wir ihm die Treppe hinauf. Er

CHILE-CONCARNEAU

wartet, bis wir alle oben sind. Dann ergreift er einen hölzernen Stab mit einem Haken an dessen Ende. Er hebt ihn an einen an der Flurdecke befindlichen Ring, hakt den Stab ein und zieht daran. Eine ausklappbare Treppe kommt zum Vorschein. Ich steige als Erster hinauf.

Vor meinen Augen tut sich eine märchenhaft wirkende Welt auf! In einem fensterlosen Dachgeschoss von über achtzig Quadratmetern werden etwa fünfzehn Gemälde sowie der Christus von *Trémalo* mit kleinen Scheinwerfern angestrahlt. An einer der langen Wände werden Zeichnungen und Gravierungen mit einem sanfteren Licht beleuchtet. Ästhetische Etiketten weisen auf die Namen der Künstler und die Titel der Werke hin. Man könnte denken, man wäre in einem kleinen Kunstmuseum.

Die von verschiedenen Malern stammenden Werke gehören alle zur post-impressionistischen Stilrichtung des Synthetismus. Von den ausgestellten Künstlern weiß man, dass sie einer Malerbewegung angehörten, die Ende des neunzehnten Jahrhunderts in Pont-Aven entstanden war: *Sérusier, Bernard, Moret, Maufra, de Chamaillard...*

In der Mitte des Raumes ist in einer Vitrine ein von Paul Gauguin geformtes Paar Holzschuhe ausgestellt, wunderbar hervorgehoben durch nachtblauen Samt.

Ich lasse diese eindrucksvolle Welt der Kunst auf mich wirken. Dann wende ich mich an den Arzt:

«Da haben Sie ja eine schöne Sammlung, *Docteur* Cohen! Sie haben fünf Minuten, um sich von ihr zu verabschieden.»

XV

Es vergehen Tage. Die *Lieutenants* und ich sind mit den Nerven am Ende, aber wir reißen uns zusammen. Der große Tag rückt näher, ohne dass wir genau wüssten, welcher es sein würde. Im Polizeirevier ist die Anspannung geradezu fühlbar. Mürrische Gesten, finstere Blicke und abfällige Bemerkungen häufen sich. Jedes Klingeln des Telefons lässt uns aufhorchen. Doch bisher vergeblich. Nur einer von uns bringt einen Hauch von Fröhlichkeit in die nicht enden wollenden Tage, hier und da unterbrochen durch kleine Missetaten, die schnell gelöst sind: Fournot. Ich habe dafür gesorgt, dass er sich die Aufklärung des Mordfalls Sylvie Le Roux-Rupert auf die Fahne schreiben konnte. Fournot weiß, dass ich beim Fall des verschwundenen Christus aus der *Trémalo*-Kapelle dasselbe für *Adjudant* Pedretti getan habe.

Sogar Luc Pallas hatte ich beehrt: Ich habe verbreitet, dass er für die Aufklärung des Einbruchs in der Villa Derbain gesorgt hat. Unsere Beziehung ist dadurch entspannter geworden. Seit ihm der Erfolg für die Rückgabe der Werke zugesprochen ist, haben sich die Wogen geglättet: Er begegnet mir mit Höflichkeit und Respekt.

Da es in unserer Polizeistation recht ruhig zuging, nutzte ich die Gelegenheit, um mich mit dem Büro der Sozialwohnungsvermittlung in Verbindung zu setzen: Ich hatte darum gebeten, Denise und Laurent Guder eine Erdgeschosswohnung zuzuweisen. Dort hatte man mir zugesichert, sich umgehend um die Angelegenheit zu kümmern. Die Guders, deren Einverständnis ich natürlich zuvor eingeholt hatte, würden allerdings den herrlichen Blick auf die Bucht von Concarneau aus dem vierten Stock verlieren.

Lamingue und *Docteur* Cohen wurden nach Brest ins Gefängnis *L'Hermitage* verlegt. Die Frau des Arztes ist in der gleichen Anstalt wie Clotilde Chauveau in Brest inhaftiert. Wenn man Lucien Chauveau dazurechnet, haben wir dem Gefängnis innerhalb von zwei Tagen nicht weniger als fünf Häftlinge zugewiesen. Alle Verhaftungen wurden geheim gehalten. Es drang nichts nach außen. Um den Eindruck zu erwecken, sie hätten gar nicht stattgefunden, blieben sogar die Fensterläden des Hauses im Stadtteil *Rouz* weiterhin offen. Außerdem erhielten Annie Lamingue und ihre Töchter die Anweisung, zu behaupten, sie wüssten nicht, wo ihr Mann und Vater stecke.

Pierre-Edouard de Vitreux de Barnac wurde aus dem Krankenhaus entlassen. Nachdem die Kugel aus seinem Oberschenkel entfernt worden war, erholte er sich und verbrachte die meiste Zeit in seinem Hotelzimmer. Obwohl er noch mit Krücken gehen muss, kommt er jeden Tag auf die Polizeiwache. Der Mörder von Marc Pagel aber ist immer noch auf freiem Fuß. Das ist dem Baron natürlich ein Dorn im Auge. Obwohl ich ihm sagte, dass die Ermittlung in vollem Umfang weiterlaufen würde, war er dennoch über meine angebliche Untätigkeit sauer und drohte mir damit, die Presse zu informieren und sich bei *Commandant* Bernier über mich zu beschweren. Zu meiner Verteidigung berichtete ich ihm von den verschiedenen Fällen, die ich gerade abgeschlossen hatte: zwei Einbrüche, einen Mord sowie die Aufdeckung eines weitverzweigten internationalen

Handels mit kinderpornografischen Medien. Teilweise überzeugt lenkte er schließlich ein: Er würde sich in Geduld üben müssen. Abschließend wies ich darauf hin, dass die kleine Blutlache auf dem Hafenkai tatsächlich von der Leiche seines Freundes stammte.

Als ich eines Morgens im Büro ankam, erwartete mich endlich die Nachricht, auf die ich seit zwei Wochen gewartet hatte: Ein Frachtschiff der *Parda Sea* hatte soeben Plymouth verlassen, mit dem Ziel, den Hafen von Santander in Spanien anzulaufen. Die Information hatten wir der von dem englischen Hafen erstellten Liste der auslaufenden Schiffe entnehmen können. Das bedeutete, dass das Schiff in der Nähe der bretonischen Küste vorbeikommen würde.

Nach der langen Zeit des Wartens erzeugt der wohl unmittelbar bevorstehende Einsatz in mir einen Adrenalinstoß. Es ist wichtig, vorbereitet zu sein, auch wenn es bisher keine Hinweise auf eine neue Lieferung gibt. Zunächst rufe ich *Major* Prenelle an, den Leiter der örtlichen Niederlassung der *Gendarmerie Maritime* und Kapitän der *Elorn*. Sein zwanzig Meter langes Schnellboot ist mit einer modernen Hightech-Ausrüstung ausgestattet.

«Wir können davon ausgehen, dass heute Abend ein Schiff mit einer Lieferung an der Bretagne vorbeikommt, *Major*. Wie bereits vereinbart, möchte ich Sie bitten, jetzt schon Ihre Position einzunehmen.»

«Wird gemacht, *Capitaine*! Wir legen ab und fahren zu den *Glénan*-Inseln. Dort warten wir im geschützten Bereich zwischen den Inseln auf den Einsatz.»

Gaubert kontaktiere ich über das Funkgerät seines Autos:

«*Salut*, Fred. Was macht der Verdächtige?»

«Heute ist er gar nicht ausgegangen. Er ist seit gestern Abend zu Hause. Seitdem hat sich nichts mehr getan.»

«Okay. Lass ihn nur nicht entwischen.»

Schließlich nehme ich noch mit dem Marine-Flugzeugstützpunkt in *Lann-Bihoué* und mit meinem Ansprechpartner vor Ort, dem *Capitaine de Corvette* Perhirin Kontakt auf.

«Ein Schiff, das von Plymouth kommt und nach Santander will, wird heute durch die Meerespassage des *Rail d'Ouessant* kommen. Ich möchte vom Seefernaufklärer *Bréguet Atlantique* vorgewarnt werden, falls dieser Frachter von seinem geplanten Kurs abweicht und näher als nötig an die Südküste der Bretagne herankommt.»

«In Ordnung. Ich werde veranlassen, dass der *Bréguet* diese Mission übernimmt.»

«Der Pilot sollte sich jedoch nicht auffällig verhalten, damit die Besatzung des Frachtschiffes keinen Verdacht schöpft.»

«Verstanden. Ich gebe das so weiter.»

«Noch etwas: Stornieren Sie bitte den Einsatz der Marinefregatte. Ich befürchte, dass ihre Anwesenheit in diesem Gebiet suspekt wirken würde.»

Nach diesen Vorbereitungen erscheint es mir schließlich angebracht, auch *Commandant* Bernier zu benachrichtigen. Ich klopfe an und warte gelassen auf sein «Herein». Allerdings lässt er ganze zehn Sekunden verstreichen, bevor er mir erlaubt, seinen Dienstraum zu betreten.

Der Grund für die Verzögerung ist offensichtlich wieder seine rothaarige Freundin. Mit ihrem dick aufgetragenen Make-up und ihrer Löwenmähne ist die eher kräftige Frau ganz und gar nicht mein Typ.

Als ich eintrete setzte ich ein süffisantes Lächeln auf, um Bernier ein bisschen in Verlegenheit zu bringen. Die Dame rückt verdutzt blinzelnd ihren Rock zurecht, wenn auch ein wenig zögerlich. Bernier, der die Verwirrung seines Herzblatts mitbekommen hat, knurrt: «Nun, *Capitaine*! Was gibt es denn so Dringendes?» Rasch kläre ich ihn über die Sachlage auf. Während seine Freundin mich nicht aus den Augen lässt, befiehlt er dann: «Wenn Sie sich nun bitte zurückziehen würden, *Capitaine*... *Madame* und ich haben eine dringende Angelegenheit zu besprechen. Ab jetzt unternehmen Sie nichts auf eigene Faust. Ich möchte über alles informiert werden, *Capitaine*. Seien Sie unbesorgt, ich werde heute Abend mit dabei sein und Ihnen mit Rat und Tat zur Seite stehen.»

Während ich die Tür zuziehe, zwinkere ich dem Rotschopf mit vielsagendem Blick heimlich zu. Auf dem Rückweg in mein Büro schmunzle ich innerlich über meinen Streich.

*
* *

Bis 17 Uhr geschah nichts Erwähnenswertes. Dann kam ein Anruf aus *Lann-Bihoué*. Wir erfuhren, dass der Seefernaufklärer *Bréguet* den chilenischen Frachter gesichtet hatte. Das Schiff hatte seinen Kurs geändert und fuhr nun in Richtung Südwesten.

Plötzlich meldet sich Luc Pallas auf meinem Handy. Er hat Frédéric Gaubert inzwischen bei der Überwachung des Verdächtigen abgelöst.

«Der Verdächtige hat sein Haus verlassen. Ich bin ihm bis zum Hafen gefolgt. Die Ausrüstung, die er an Bord

hatte, ist in seinem Kastenwagen verstaut. Er hat gleich abgelegt. Ich bin jetzt auf dem Parkplatz am Hafen.»
«Gute Arbeit, Luc. Du kannst zurück auf die Polizeiwache fahren.»
Dann kontaktiere ich das Schnellboot der *Gendarmerie Maritime*:
«Der Verdächtige verlässt den Hafen. Können Sie ihn orten?»
«Ja, jetzt haben wir ihn!», antwortet *Major* Prenelle von der *Vedette Elorn* nach einer kurzen Zeit des Überprüfens. Er ist auf meinem Radar aufgetaucht.»
«Bitte verlieren Sie ihn nicht aus den Augen.»
«Roger!»

*
* *

Die erneute Warterei ist noch nervenaufreibender als bisher. Fournot, Pallas, Gaubert und ich rauchen Zigarette um Zigarette und trinken einen Kaffee nach dem anderen. Sandwiches und Bier hatten wir eingekauft und *Commandant* Daniel Bernier war zum Abendessen nach Hause gegangen.

Zuvor hatte er mir noch angeordnet, ich solle ihn anrufen, sobald sich etwas tue. Sollte sich herausstellen, dass es heute Nacht tatsächlich so weit ist, würde er uns mit seiner Anwesenheit beehren.

Es ist kurz nach dreiundzwanzig Uhr, als das laute Klingeln des Telefons die Stille im Büro zerreißt. Mit einem Satz bin ich am Telefon.

«Ja?»
«*Major* Prenelle an *Capitaine* Moreau… Das Frachtschiff hat soeben die Maritime Verkehrssicherung in Penmarc'h

informiert, dass es seine vorgesehene Route verlassen müsse. Ein paar kleinere mechanische Reparaturen müssten vorgenommen werden. Das Schiff wird allerdings in internationalen Gewässern bleiben.»
«Das hatte ich befürchtet. Und was ist mit meinem zweiten Verdächtigen?»
«Es sieht so aus, als würde er immer noch fischen... Jetzt hat er gewendet. Er verlässt seinen Fangplatz. Sein Schiff läuft offenbar auf Hochtouren. Wenn er die Geschwindigkeit so beibchält, wird er den Weg des Frachtschiffes kreuzen.»
«Sicher?»
«Ganz sicher.»
«Wie sollen wir vorgehen?»
«Der Handel, wenn es denn einen gibt, wird bestimmt außerhalb unserer Hoheitsgewässer stattfinden. Daher werden wir leider nicht eingreifen können.»
Prenelle errät meine Enttäuschung und versucht, mich aufzumuntern.
«Vielleicht kommt das Frachtschiff ja trotzdem in unsere Gewässer. Dann dürfen wir es überprüfen.»
«Glauben Sie wirklich, dass es das tut?»
«Ehrlich gesagt, nein. Sie wissen, was passiert, wenn wir sie erwischen. Es wäre dumm, so unvorsichtig zu sein.»
«Was schätzen Sie, wie lange wird es dauern, bis die beiden Schiffe sich treffen?»
«Ähm... Etwa eine halbe Stunde.»
«Wie ist die Position des Frachtschiffes?»
«Moment... 47 Grad, 19 Minuten, 249 Nord, und 4 Grad, 11 Minuten, 376 West.»
«Danke. Sagen Sie mir bitte fünf Minuten vor dem

CHILE-CONCARNEAU

Zusammentreffen der Schiffe Bescheid. Ich schlage vor, dass Sie den Kontakt auf Ihrem Radar bestätigen und unserem Verdächtigen zurück in den Hafen folgen. Wären Sie mit diesem Ablauf einverstanden?»
«Ja, sicher! Obwohl es sehr angenehm ist, bei den Glénan-Inseln vor Anker zu liegen, wird uns langsam die Zeit lang...»
«Okay, *Major*!»
«Sie hören von mir.»
Ich lege auf und wähle leicht nervös die Nummer von *Lann-Bihoué*.
«Steht der Seefernaufklärer *Bréguet* bereit?»
«Er ist schon in der Luft. Wir warten auf Ihren Befehl, wohin er fliegen soll.»
«Geben Sie bitte weiter, dass die Zusammenkunft in etwa 20 Minuten stattfinden dürfte. Er soll sich bereithalten und dann die fraglichen Boote überfliegen und Fotos schießen. Ich möchte nochmals betonen, dass es für die Verdächtigen so aussehen soll, als handele es sich um einen routinemäßigen Patrouillenflug. Hier ihre Position...»
Während dieser Gespräche hatte Luc Pallas *Commandant* Bernier von dem bevorstehenden Zusammentreffen der Schiffe in Kenntnis gesetzt. Er war daraufhin sofort in seinen Wagen gestiegen und zur Polizeistation gefahren. Sein Kommen löst nicht gerade Begeisterung aus.
Unser Adrenalinspiegel steigt. Ich habe das Gefühl, dass mein Blutdruck eine gefährliche Höhe erreicht.

*
* *

Per laut gestelltem Telefon hören wir, was *Major* Prenelle zu berichten hat. Auch die Funkübermittlung des Seefernaufklärers *Bréguet* war hereingekommen. Ausgestattet mit Infrarot-Ferngläsern bestätigte das Patrouillenflugzeug, dass tatsächlich etwas verladen wurde. Die Aufnahmen sind so gut, dass wir die Übeltäter damit festnageln können.

Daniel Bernier will die Situation entspannen und spendiert uns eine Runde Kaffee. Trotz des bedingten Erfolgs verspüren wir alle, mit Ausnahme von *Commandant* Bernier, ein schales Gefühl der Frustration. Wir konnten die Kriminellen nicht auf frischer Tat ertappen und somit natürlich auch keine Verhaftungen vornehmen. Da die Begegnung außerhalb unserer Hoheitsgewässer stattfand, kann das chilenische Frachtschiff seine Fahrt ungehindert fortsetzen. Aber ich werde dafür sorgen, dass es in Santander festgehalten wird und die Besatzungsmitglieder an Frankreich ausgeliefert werden.

Eine Ewigkeit vergeht. Endlich meldet sich *Major* Prenelle.

«Euer Verdächtiger ist gerade an den *Cochon*-Felsen vorbeigefahren und ist nun im Begriff, in den Hafen einzulaufen. Jetzt sind Sie dran.»

«*Merci, Major*. Ich hoffe, dass ich Ihnen auch mal einen Stein in den Garten werfen kann.»

Wir schnappen unsere Jacken und rennen die Treppe hinunter.

Ein leichter Nebel senkt sich über die Stadt und ein kalter, feuchter Wind bläst uns entgegen, als wir die Polizeistation verlassen. Wir brennen darauf, die Sache endlich zu Ende zu bringen und eilen mit großen Schritten Richtung Hafen. Wie Profis verteilen sich Pallas, Fournot und

CHILE-CONCARNEAU

Gaubert im Hafen, ohne dass es notwendig gewesen wäre, den Befehl dafür zu erteilen. Sie verstecken sich, einer hinter einem Auto, ein anderer auf einem Fischtrawler mit aufgetürmten Reusen an Bord.

Ein neben der *Cale aux Voleurs* geparkter Wagen springt an. Während ich die Silhouetten des Fahrers und seines Beifahrers ausmachen kann, verstehe ich sofort den Grund für den schnellen Start: Berthou und Lamingue waren umgehend durch zwei andere Personen ersetzt worden. Die neuen Handlanger waren offensichtlich im Begriff gewesen, eine neue Lieferung von Bild- und Filmmaterial in Empfang zu nehmen, um es anschließend an ein Netzwerk von psychosexuell Gestörten zu verteilen. Leider hatten sie uns entdeckt und wollten daher schnell verschwinden.

Ich nehme meine Sig-Sauer aus dem Holster. Ich konzentriere mich, mit der rechten Hand die Pistole haltend, mit der linken sie abstützend. Peng! Mit nur einer Kugel treffe ich den linken Hinterreifen. Mitten in der Beschleunigung verliert der Fahrer die Kontrolle über sein Fahrzeug und prallt schlingernd gegen eine Ampel. Sofort eile ich hin. Fournot folgt mir.

Durch die Wucht des Aufpralls waren die beiden Männer ein wenig benommen. Aber als wir bei ihnen ankamen, versuchten sie, sich aus dem Auto zu befreien und zu entkommen. Mit der Waffe in der Hand rufe ich ihnen zu: «Keine Bewegung!» Schnell haben wir sie gegen das Auto gedrückt, durchsucht und mit Handschellen dingfest gemacht. Fassungslos ergeben sich die beiden Männer ihrem Schicksal. David bringt sie aufs Polizeirevier, während ich zum Hafen zurückkehre.

Bernier wartet am Kai. Ich habe kaum Zeit, ihm die

Identität der verhafteten Protagonisten mitzuteilen, als neben dem Hintergrundgeräusch der hin und her fahrenden Fahrzeuge der Hafenarbeiter das näher kommende Tuckern eines Schiffsmotors zu hören ist. Schnell gehen der *Commandant* und ich hinter einer Mauer in Deckung. Ich verfolge mit meinen Augen den Verdächtigen, der sich, den Hafenkai offenbar nach seinen Verbündeten absuchend, gerade anschickt, an der *Cale aux Voleurs* anzudocken. Es ist Ebbe. Das an der Ampel verunglückte Auto mit dem unter der Wucht des Aufpralls aufgebrochenen Kühler bleibt vom Wasser aus unsichtbar. Mit einem Seil in der Hand springt der Verdächtige an Land, macht sein Boot fest und geht dann wieder an Bord, um den Motor abzustellen.

Auf diesen Moment haben wir gewartet: Schnell greifen wir zu. Mit der Waffe in der Hand treten wir alle vier aus unseren Deckungen hervor und sind im Handumdrehen auf dem Schiff. Gegen die kleine Kabine seines Bootes gedrückt, hat er keine Zeit, sich erfolgreich zu wehren. Während Bernier und ich ihn in Schach halten, durchsuchen Pallas und Gaubert das Boot. Es ist knapp acht Meter lang. Sie brauchen nur ein paar Sekunden, bis sie mehrere Plastikkisten entdecken, die vorsorglich von einer Plane und einem Fischernetz abdeckt worden waren. Durch fehlende Deckel ist der Kisteninhalt sofort sichtbar: Volltreffer! Mit großer Erleichterung verkünde ich:

«Claude Segrais, Sie sind verhaftet wegen Handels mit kinderpornografischen Medien. Der Kapitän der *Danichlo* starrt mich mit hasserfüllten Augen an.

Commandant Bernier hatte derweil dem Verdächtigen mit einem schrägen Grinsen voller Genugtuung selbst Handschellen angelegt. Dass wir den Übeltäter festgenommen haben, würde ihm viel Ruhm einbringen. Mich interessiert diese Art von Erfolg wenig! Seit der Begegnung außerhalb der französischen Hoheitsgewässer innerhalb der vergangenen Stunden interessiert mich der Erfolg noch weniger. Soll sich Daniel Bernier die Lorbeeren für den Erfolg unserer Ermittlungen ruhig an seine Fahnen heften. Wenigstens war er auch bei der Verhaftung der Chauveaus dabei. Ich für meinen Teil habe das Gefühl, zumindest teilweise versagt zu haben. Wie zu erwarten war, konnte das Frachtschiff seinen Kurs, ohne dass wir eingreifen konnten, wieder aufnehmen. Auch Juan Manuel Parda wird sich weiterhin keine Sorgen machen müssen. Aber wenn es gut läuft, wird der Kapitän ausgeliefert und wir bekommen wenigstens sein Geständnis. Doch der eigentliche Drahtzieher, Organisator und Anführer dieses Netzwerks, nämlich Parda, kommt mit seinen schmutzigen Schandtaten davon. Für mich persönlich ist das schwer zu verdauen.

Seinen Gefangenen am Arm haltend, führt der *Commandant* ihn erhobenen Hauptes ab und bittet Luc Pallas, sie zur Polizeistation zu begleiten. Währenddessen sichern Gaubert und ich die Kisten mit dem Filmmaterial. Wir stellen sie an der Bootsrampe ab.

Zeit, wieder festen Boden unter die Füße zu bekommen. Als Fred sich anschickt, über die Reling zu steigen, halte ich ihn auf und frage:

«Wenn ich mich nicht irre, bist du der Einzige, der in letzter Zeit keinen Ermittlungserfolg hatte. Willst du nicht auch ein wenig glänzen?»

«Wie meinst du das?»

«Nun, in letzter Zeit hatte jeder die Möglichkeit, ein wenig im Rampenlicht zu stehen.»

«Ja! Aber du warst es, der alle Fälle gelöst hast. Du machst den wirklich wichtigen Job und wir brauchen nur noch wenig dazu tun, um die Fälle zu einem glücklichen Ende zu führen. Und am Ende kassieren wir trotzdem den Bonus des Innenministers. Um ehrlich zu sein, verstehen wir nicht, warum du so selbstlos auftrittst.»

«Nun… Eines Tages werdet ihr es vielleicht verstehen… Lass mich kurz noch etwas überprüfen, ja?»

Ich gehe schweigend über das Deck des Bootes in der Hoffnung, das zu entdecken, wonach ich suche. Bis heute war ich mir nicht sicher, ob ich es tatsächlich finden würde. Aber da entdecke ich das Corpus Delicti. Bei dessen Anblick rufe ich erleichtert:

«Komm, Fred, sieh dir das an!»

Ich öffne eine mitgebrachte Plastiktüte und schiebe mit zwei Fingern einen sechzig Zentimeter langen Handhaken hinein.

«Hier, bitte, Kumpel. Ich gehe jede Wette ein, dass dieser Handhaken die Waffe ist, mit der Marc Pagel attackiert wurde. Alles, was zu tun bleibt, ist, dass Valmont, der Gerichtsmediziner, diese Vermutung bestätigt und wir so Segrais zu einem Geständnis bewegen können. Und in dem Zusammenhang kannst auch du ein wenig glänzen.»

Bevor Fred die Tüte in Empfang nimmt, füge ich hinzu:

«Aber warte, bis der *Commandant* mit Segrais fertig ist, sonst wird er sich den Erfolg dieser Ermittlung auch noch auf die Fahnen schreiben.»

XVI

Diese weitverzweigte Ermittlung ist für mich eine Zerreißprobe, bei der ich nicht ungeschoren davonkomme. Natürlich habe ich zuvor schon in vielen Fällen ermittelt. Mein erster Mordfall zum Beispiel war eine besonders heikle, verdeckte Ermittlung in der Welt der Drogensüchtigen. Doch dieses Mal wurde einem kleinen Kind etwas angetan. Ich ertrage es fast nicht, es ist mir zutiefst zuwider. Obwohl dieser Fall nun dem Gericht übergeben wurde, ist für mich noch nicht alles vorbei. Es ist uns zwar gelungen, den kleinen Jungen aus den Fängen seiner Peiniger zu entreißen, aber wie viele Kinder sind immer noch der Perversion gestörter Erwachsener ausgesetzt? Es verlangt mich seelisch und körperlich danach, diesen Fall auch für mich abzuschließen, und zwar endgültig.

Am Morgen nach der Verhaftung des Kapitäns der *Danichlo* bitte ich Pierre-Edouard de Vitreux de Barnac bei seinem täglichen Besuch auf der Polizeiwache in mein Büro und berichte ihm, was vorgefallen war. Auch ein Detail aus einem Verhör von Lamingue war mir inzwischen wieder in den Sinn gekommen: In der Nacht, als Javier in Frankreich ankam, hatte Lamingue die Anwesenheit eines Störenfrieds erwähnt. Der kleine Junge hatte wohl versucht, wegzulaufen, woraufhin ein Mann auf der *Corentin* erschien und laut gerufen hatte. Berthou und Lamingue hatten den Jungen schnell eingeholt, hatten ihn in ihr Auto gestoßen und waren mit ihm davongefahren. Es ist nicht schwer, sich vorzustellen, was sich anschließend abgespielt hat. Segrais hatte offensichtlich nur einen einzigen Ausweg gesehen: Er musste diesen Zeugen zum Schweigen bringen. Das hatte der Seemann selbst zugegeben. Er hatte sich den Handhaken geschnappt, mit dem er sonst seine mit Fisch gefüllten Kisten zog, wenn er sie versteigern lassen wollte. Dann ließ er sich ins Wasser gleiten. Er war bis zur untersten Sprosse der rostigen Leiter, die in das Mauerwerk des Kais eingelassen war, geschwommen und geräuschlos auf den Kai gestiegen.

Marc Pagel hatte den kleinen Jungen also gesehen. Aber statt zur nahe gelegenen Polizeistation zu laufen, hatte Pagel wohl beschlossen, möglicherweise noch vom Schlaf und Alkoholresten benebelt, seinen Freund zu wecken. Diesen Moment hatte der Seemann ausgenutzt. Mit einem Satz die letzten Sprossen erklimmend, brauchte er nur mehr aus der Tiefe hervorzuspringen, sobald er seinem Opfer nahe genug war.

Claude Segrais hatte schnell gehandelt, aber Pagel versuchte zu fliehen. Allerdings bekam er einen Schlag mit dem Handhaken ab. Der traf Pagel an der Wade und verhinderte seine Flucht. Daraufhin war Pagel unter dem Schmerz zusammengebrochen. Dann versetzte der Seemann ihm einen zweiten Schlag in den Rücken und, so kampfunfähig gemacht, erwürgte er ihn. Der Rest ist bekannt.

Mit zitternder Stimme bedankt sich Pierre-Édouard. Bedauerlicherweise würde er mich nun verlassen müssen, sei mir aber auf immer und ewig dankbar.

Kaum ist er im Flur, trifft er auf David Fournot. Die beiden Männer unterhalten sich eine Weile, dann kommt der Baron wieder herein. David hat ihm berichtet, dass ich den erfolgreichen Abschluss unserer Ermittlungen meinen Kollegen zugeschrieben hätte. Pierre-Édouard ist es ein

CHILE-CONCARNEAU

Anliegen, den Grund dafür zu erfahren. Leider schaffe ich es dieses Mal nicht, mich herauszureden. Es bleibt mir nichts anderes übrig, als die Wahrheit zu sagen. Ich schließe die Bürotür. Dann gestehe ich dem Baron meine Beweggründe. Er hört mir schweigend zu und lässt mich dabei nicht aus den Augen. Als ich fertig bin, sagt er: «Ich möchte mich finanziell daran beteiligen. Zum Andenken an Marc.»

*
* *

Zwei Wochen später sitze ich am Fenster eines Flugzeugs, das mich nach Paris bringt. Dann fliege ich weiter nach Santiago de Chile. Murielle und Pierre-Edouard haben mich zum Flughafen in Pluguffan gebracht. Hinter den großen Glasfenstern erkenne ich ihre Silhouetten.

Der Baron wollte mich unbedingt auf meine Reise begleiten, allerdings hatte ich das rundheraus abgelehnt. Letztendlich hatte Pierre-Édouard nur mein Flugzeugticket bezahlt. Ich durfte ihn nicht zu sehr vor den Kopf stoßen, denn er schwor, mein Vorhaben zu verraten, wenn ich mich weigerte.

Die offizielle Version, die über meine Reise verbreitet wird, ist dass ich in Urlaub fahren würde. Ich würde mir eine Auszeit genehmigen und die Gelegenheit nutzen, am anderen Ende der Welt meine Urlaubstage aus dem Vorjahr abzufeiern.

In Wirklichkeit habe ich meine Abreise genau geplant. Für den Fall, dass mir etwas passieren würde, hatte ich vorgesorgt. Murielle würde ich meine Wohnung, meinen Peugeot 306 und ein paar wertvolle Dinge vermachen. In meiner notariellen Urkunde hatte ich zudem festgelegt, dass

CHILE-CONCARNEAU

mein Bankguthaben am Tag seiner Volljährigkeit an Javier gehen würde.

Das texanische Gericht „*Chili con Carne*" hat mich vom Wortklang her schon immer an Concarneau erinnert, vielleicht auch deshalb, weil die Stadt auf bretonisch „*Konk-Kerné*" heißt. Als ich Carlos Gimenez beim IPA-Kongress in Berlin kennenlernte, hatten wir ein Tex-Mex-Restaurant zu unserem Lieblingslokal erkoren. Seither erinnert mich das Gericht auch immer an Chile. Der kleine Javier war aus Chile nach Concarneau gekommen. Jetzt zieht es mich von Concarneau nach Chile.

Meinem Freund Carlos Gimenez nach zu urteilen, ist es nicht leicht, an Juan Manuel Parda heranzukommen. Eine Armee von Leibwächtern schützt ihn Tag und Nacht und folgt ihm auf Schritt und Tritt. Aber Carlos hat mir materiellen Beistand vor Ort versprochen. Ich habe es mir zur Pflicht gemacht, Juan Manuel Parda außer Gefecht zu setzen und die Welt von einem großen Übeltäter zu befreien. Wenn es allerdings schlecht läuft, werde ich an den von Pardas Leibwächtern abgefeuerten Kugeln sterben.

Wenn ich in Chile ankomme, werde ich Carlos fragen, ob wir nicht irgendwo „*Chili con Carne*" essen könnten.

ENDE

© Quadri Signe - Editions Alain Bargain
125, Vieille Route de Rosporden - 29500 Quimper - Frankreich
E-mail : contact@editionsalainbargain.fr - Internetseite : www.editionsalainbargain.fr

Dépôt légal n°26 - 2ᵉ trimestre 2022 - ISBN 978-2-35550-817-2 - ISSN 1281-7813
Druck Nr.: 205616 - *Gedruckt in Frankreich*